ANNATEC FOUCHER 97

97

97

BEP

Carrières Sanitaires et Sociales

Épreuve EP2

Sciences et technologies

J. Doudement

FOUCHER
31, rue de Fleurus - 75006 Paris

ISBN 2-216-8237-6

Sommaire

Domaine technologique et professionnel

Épreuve EP2 : Sciences et Technologie

Nature de l'épreuve.

Durée : 4 heures maximum ; l'épreuve ne peut être inférieure à 3 heures.

Coefficient 8.

Déroulement : épreuve ponctuelle écrite.

Composition : questions indépendantes ou liées portant sur les programmes de :

- biologique humaine ET / OU nutrition alimentation,
- microbiologie ET / OU technologie,
- sciences médico-sociales.

Objectifs : vérifier les *connaissances scientifiques et technologiques* ainsi que l'aptitude à les *mobiliser* dans des situations professionnelles.

L'évaluation porte sur l'exactitude des connaissances, les qualités d'analyse et de synthèse, l'aptitude au raisonnement.

Des documents peuvent être mis à disposition des candidats.

Coefficient : 8 - Durée : 4 h

Sujet 1

Biologie

Travail à faire

1 - Le système nerveux.

a *- Annoter le schéma suivant :*

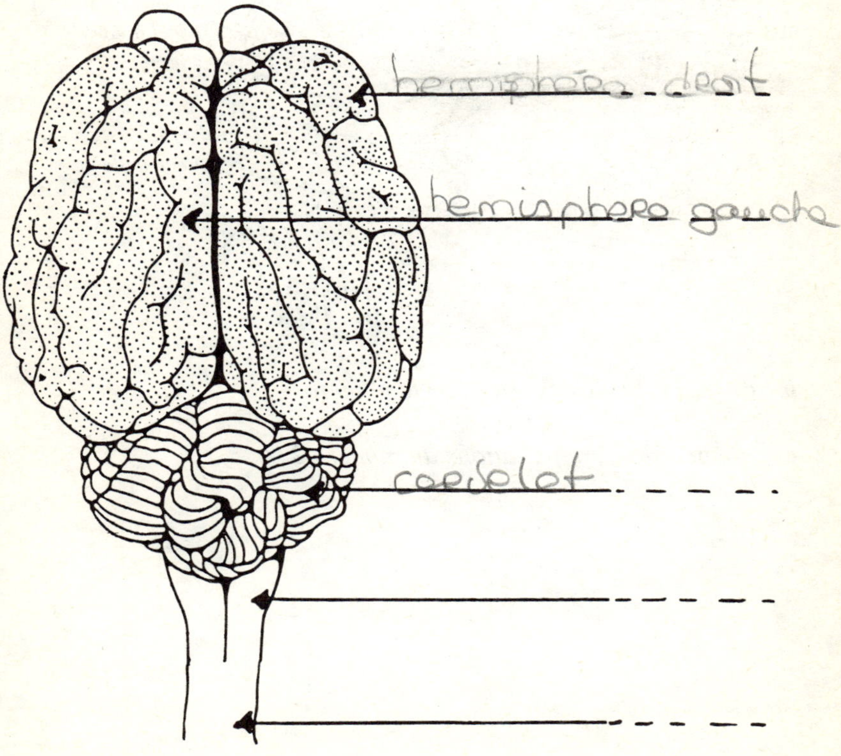

Proposer un titre au schéma précédent :

b - Nommer les éléments du système nerveux qui transmettent l'influx nerveux :

- Des organes au cerveau : nerfs sensitifs
- Du cerveau aux organes : nerfs moteurs

c - Nommer le lieu où se loge la moelle épinière.

2 - Voici une coupe partielle de la tête.

a - Compléter la légende :

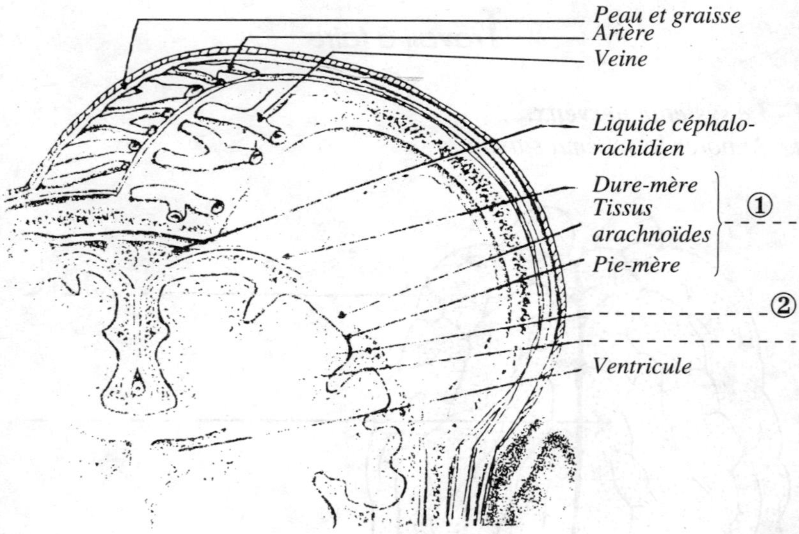

b - Énoncer 2 rôles assurés par le numéro 1.

c - Nommer les 2 appellations du numéro 2.

3 - Visite au royaume des étoiles.

Document A

(Sciences et Vie Junior – Hors Série – Octobre 93)
Le Cerveau et l'Intelligence.

Vous voilà un million de fois plus petit qu'un moustique à l'intérieur du palais*. Ne cherchez pas la pensée ou la mémoire en paquet : elles ne sont pas déposées ici comme de la confiture dans un pot. Mais le paysage vaut le détour. Voyez ce fourmillement d'étoiles aux bras graciles. Chacune d'elles est une cellule nerveuse. Car le cerveau, s'il est un organe original, n'en reste pas moins formé de cellules comme tout organe qui se respecte. La cellule est la plus petite unité du vivant, un corps microscopique doté d'une machinerie complexe qui lui permet d'utiliser l'énergie et de se reproduire. Cinquante à cent milliards de cellules nerveuses habitent le cerveau. Elles ont, grosso modo, toujours la même tête : une partie renflée qui contient le gros de la machinerie ; de petites ramifications qui reçoivent les informations nerveuses des autres cellules, et enfin une grosse ramification qui transmet l'information aux suivantes. Car le jeu préféré des cellules nerveuses est de s'envoyer des signaux.
Chacune d'elles peut recevoir des informations en provenance de mille à dix mille de ses semblables, et peut à sont tour en informer en simultané un à un million.

** Il s'agit du cerveau.*

a *- Après lecture du document A, répondre aux questions suivantes :*

• Comment appelle-t-on une cellule nerveuse ?

• Que désigne-t-on dans le texte, sous les termes :
– « petites ramifications » ?
– « grosses ramifications » ?

• La cellule nerveuse à 2 rôles principaux, lesquels ?

b *- Noter une caractéristique commune aux cellules nerveuses, aux hématies et aux fibres musculaires.*

c - Annoter le schéma suivant et préciser le type de cellule nerveuse.

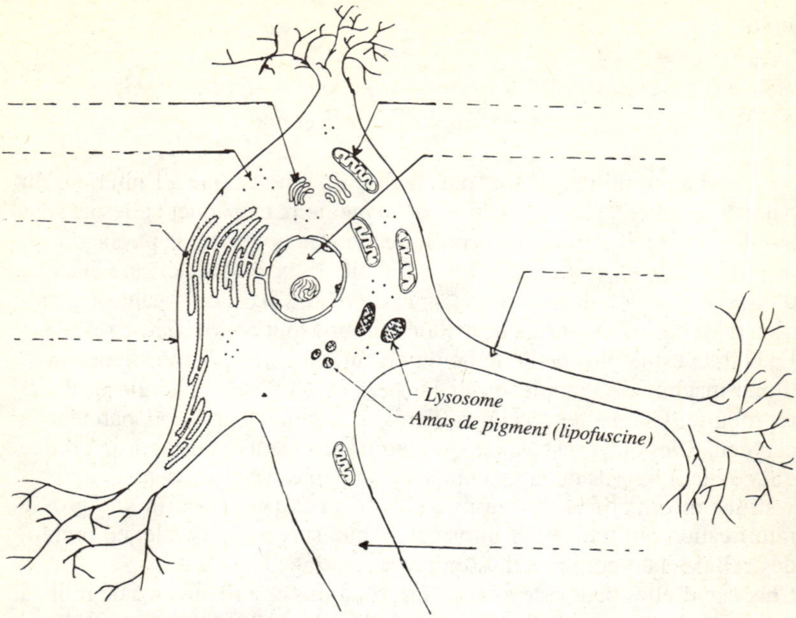

TYPE DE CELLULE NERVEUSE : ....

***d** - Compléter le texte ci-dessous :*

Les contacts entre 2 cellules nerveuses se font entre :

dendrite d'une cellule A et dendrite d'une cellule B. Ou dendrite d'une cellule A et .... d'une cellule B.
Elles ne sont pas collées les unes aux autres mais s'effleurent laissant entre elles un espace nommé ....
La communication se fait par l'intermédiaire de sécrétions chimiques ou ....

Nutrition

Document B

1 - Voici un extrait d'un article de Sciences et Vie Junior – (Octobre 93)

… « Quelques petits trucs pour « muscler » votre cerveau ».

12h DÉJEUNER. VITAMINEZ-VOUS LA VIE !

D'après diverses enquêtes concordantes menées par l'INSERM et le CEIV (Centre d'études sur les vitamines), les adolescents se nourrisent à la va-comme-je-te-pousse dès qu'ils ne mangent plus chez papa-maman. Résultat : ils seraient nota-blement en manque de vitamines B, C et E.

Selon Jean-Marie Bourré, affirmer que les vitamines concourent au bon fonctionnement cérébral est une lapalissade. « *Les carrences en vitamines provoquent des malformations nerveuses. Mais, encore une fois, en manger plus ne vous transformera pas en super-génie. C'est en manger moins qui rend plus bête.* »

Alors à midi faites votre « point vitamines » : qu'est-ce que j'ai mangé ce matin, que faut-il que je mange à midi pour avoir mon ratio ? Les vitames B sont délicieusement fournies par le porc rôti, le jambon cru, le pois sec, le foie, les rognons, les viandes en général, le jaune d'œuf, le blé et le riz, la banane, la pomme de terre, les asperges et les épinards. Les fruits frais, le jus d'orange ou de citron, tout comme les légumes frais (chou blanc, chou-fleur et chou de Bruxelles) vous fourniront gracieusement en vitamine C. La vitamine E pullule dans le maïs, le soja et les noix. Quant aux fameuses vitamines A, indispensables à une bonne mémoire, rien de tel que la célébrissime huile de foie de morue (ou, pour les délicats, le foie de veau, de bœuf ou de porc) pour s'aignuillonner le cortex en faisant le plein.

***a** - D'après la première partie de l'article, nommer les vitamines qui manquent le plus souvent dans les repas des adolescents.*

B, C, E

***b** - Citer 3 exemples d'aliments que consomment le plus souvent les adolescents en guise de repas et qui n'apportent pas ces vitamines.*

***c** - Indiquer le rôle des vitamines et préciser leur caractéristique par rapport aux glucides, protides et lipides.*

***d** - Des carences en vitamines produisent pour chacune des troubles caractéristiques très graves qui, pour certaines entraînent la mort.*

Nommer l'avitaminose en :
- Vitamine C :
- Vitamine B :
- Vitamine D :

***e** - En se référant au document B et aux connaissances acquises, proposer un repas de midi à un adolescent.*

Sciences Médico-Sociales

1 - Le bilan de naissance

Document C

PERIODE NÉONATALE

Durant la première semaine, l'enfant doit s'adapter à de nouvelles conditions de vie et, en particulier, se nourrir.

Le lait de la mère est l'aliment idéal du nouveau-né.
Parfaitement adapté aux besoins de l'enfant, il est le meilleur.

Allaiter est un acte qui rapproche la mère de son enfant.

un médecin doit, vers la fin de la première semaine, effectuer un examen minutieux de l'enfant pour établir le certificat de santé obligatoire à cet âge. Cet examen sera le plus souvent effectué avant la sortie de la maternité et les principaux éléments en seront mentionnés ci-dessous.

Examen le : 6/11/94 à l'âge de 5 jours.
(mettre une croix dans la case corespondante)

OMBILIC NORMAL	oui ☒ non ☐		MOTILITE NORMALE	oui ☒ non ☐
OEDEME	oui ☐ non ☒		ANGLE POPLITE A 90°	oui ☒ non ☐
ICTERE Subictère	oui ☐ non ☐		MORO NORMAL	oui ☒ non ☐
PALEUR	oui ☐ non ☒		REACTION AUX STIMULI SONORES	oui ☒ non ☐
CRI NORMAL	oui ☒ non ☐		ETAT OCULAIRE NORMAL	oui ☒ non ☐
DYSPNEE	oui ☐ non ☒			
CYANOSE	oui ☐ non ☒		Organes Génitaux : ♀	
SOUFFLE CARDIAQUE	oui ☐ non ☒		Dépistage de l'hyperpghénylalaninémie (Guthrie)	
FEMORALES PERCUES	oui ☒ non ☐		Fait le : et hypothyroïdie 6.11.94	
HEPATOMEGALIE	oui ☐ non ☒		Résultat :	
SPLENOMEGALIE	oui ☐ non ☒		Allaitement maternel mixte	
SIGNE DU RESSAULT (hanches)	oui ☐ non ☒		Artificiel (préciser) :	
POIDS A LA SORTIE DE LA MATERNITE : 3.320				

Sortie de la maternité (1) : 7/11/94
Examen effectué par le docteur Docteur G
à ______ CERTIFICAT FAIT ET ENVOYE

Signature et cachet
CENTRE HOSPITALIER MATERNITE

(1) Pour les prématurés, sortie du centre des prématurés et pour les hospitalisés, sortie du service.

***a** - Aliette est née le 1er novembre 1994, elle a subi des examens obligatoires à la naissance. Le médecin a rempli un certificat de santé dont la première partie est le document C.*

Ce certificat est extrait d'un livret fourni par le ministère de la Santé :
• Nom du livret :

Les parents d'Aliette envoient le document C.
• Nom de l'organisme destinataire :

Ils recevront en retour une prestation.
• Nom de la prestation :

La deuxième partie du certificat est confidentielle. Le médecin l'adresse à un organisme.
• Nom de l'organisme destinataire :

b *- Le médecin vérifie les réflexes archaïques d'Aliette.*

c *- Définir un réflexe archaïque.*

d *- Compléter le tableau suivant :*

Stimulations	**Réactions du nouveau-né**	**nom du réflexe**
Excitation des lèvres		succion
Excitation de la paume de la main		grasping
Excitation auditive avec un bruit sec		Moro
Excitation de la plante du pied		Marche automati-que

e *- Voici 3 définitions. À l'aide du document C, retrouver les noms :*

Coloration bleue ou bleuâtre de la peau due à une oxygénation insuffisante du sang :

Accumulation anormale du liquide séreux dans les espaces intercellulaires du tissus conjonctif :

Coloration jeune de la peau due à la présence dans le sang et les tissus de pigments tissulaires :

f *- Repérer dans le document C, les 2 maladies dépistées grâce au test de Guthrie.*

Indiquer pour l'une d'elles :
La Cause :
Les conséquences pour l'enfant.

g - Avant 6 ans, Aliette subira 2 autres examens médicaux obligatoires.

Écrire les dates prévues pour les examens.

Microbiologie

1 - Les parents d'Aliette veulent la protéger contre certaines maladies. Le médecin propose différents VACCINS listés dans le tableau suivant :

Compléter le tableau :

VACCINS	PROTECTION contre :	Obligatoire*	Facultatif*
B.C.G.			
D.T.P.			
TETRACOQ			
R.O.R.			

** Cocher la bonne réponse*

2 - Diversité du monde bactérien. Dans cette série de schémas, les principales formes de bactéries, retrouver la catégorie à laquelle chacune appartient dans la liste ci-dessous et indiquer le numéro de schéma correspondant.

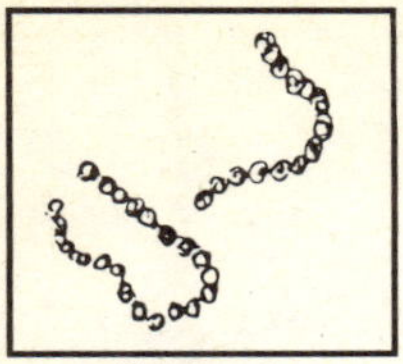
Schéma 1

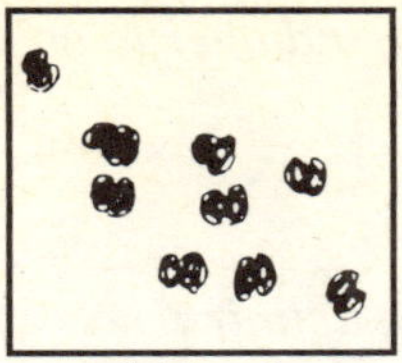
Schéma 2

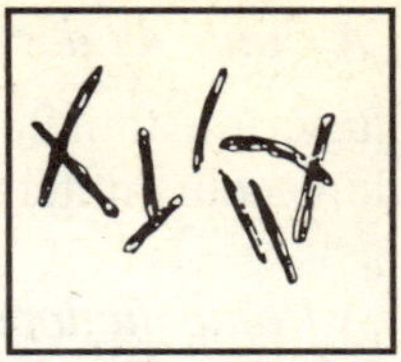
Schéma 3

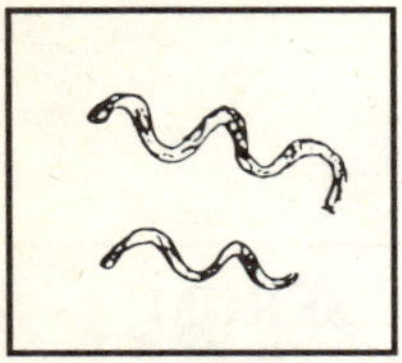
Schéma 4

Schéma 5

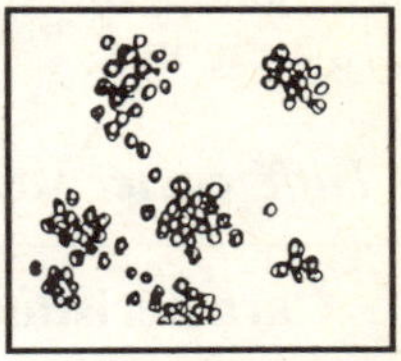
Schéma 6

Staphylocoques →	Schéma N°…	Diplocoques →	Schéma N°…
Spirilles →	Schéma N°…	Streptocoques →	Schéma N°…
Bacilles →	Schéma N°…	Vibrions →	Schéma N°…

3 - Vaccins et sérums.

Document : Vaccin

L'injection d'anatoxines déclenche chez l'homme des réactions immunitaires sans déclencher la maladie. C'est le principe de la vaccination.

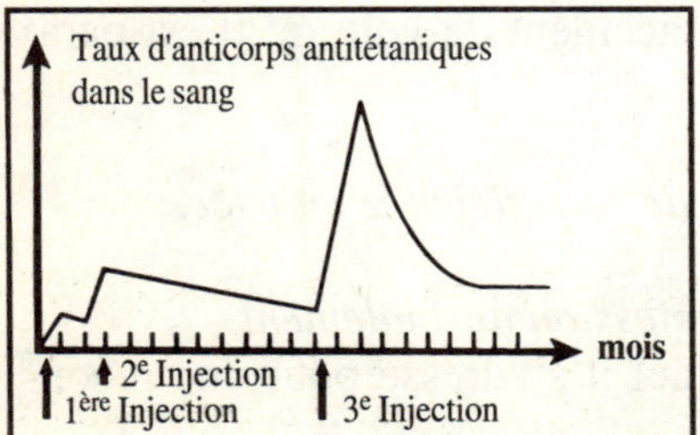

Document : Sérum

« Des gamma-globulines spécifiques sont extraites du plasma de donneurs sélectionnés, immunisés contre une maladie particulière (tétanos, coqueluche[1]…). Les gamma-globulines spécifiques anti-tétaniques sont particulièrement indiquées chez les blessés non vaccinés ». *d'Après Encyclopaedia Universalis.*

(1) Une injection d'anticorps (gamma-globulines) est souvent prescrite quand la blessure a pu être souillée.

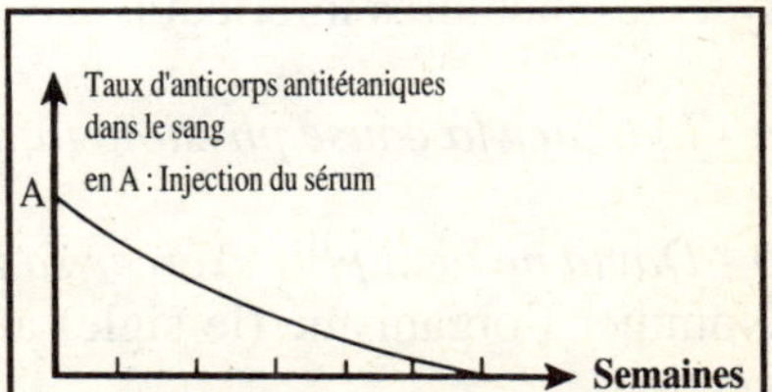

a - À l'aide du document D, indiquer la composition :

– du sérum antitétanique :
– du vaccin antitétanique :

b - À l'aide du document D, définir :

– Une anatoxine
– Un anticorps

c - Différencier Vaccin et Sérum dans le tableau suivant :

Caractéristiques	VACCIN	SÉRUM
Composition		
Action sur l'organisme		
Efficacité dans le temps		
Quand l'utiliser		

Sciences Médico-Sociales

1 - La personne handicapée

David X, 25 ans, plombier, a eu un accident de voiture. Il est paralysé des membres inférieurs.

a - Indiquer la cause physiologique de sa déficience motrice.

b - David ne peut plus exercer sa profession normalement.
Nommer l'organisme (le sigle) auquel il s'adresse pour une reconversion.

c - Nommer 3 structures qui pourraient accueillir et aider David dans l'exercice d'une profession.

d - David ne perçoit plus son salaire. En compensation de la perte de ses revenus, il peut percevoir une prestation.

Nommer la prestation qui peut lui être versée en raison de son nouvel état.

Nommer l'organisme prestataire.

Connaissance des équipements

1 - Dans une école maternelle, classe des « petits », le sol du « coin-repos » doit être refait. Dans cet espace, d'une surface de 22 m², les matelas sont posés à même le sol, puis empilés après la sieste. Cet espace sert alors de bibliothèque. Trois revêtements sont envisagés dont voici les caractéristiques :

– **Dalles de moquette**
- Réf. : Traffic 101 – Gris/Bleu
- Velours bouclé – 100 % polyamide – 550 g/m²
- Classement UPEC : U3 P3
- Classement feu M3
- Antistatique permanent
- Usage : Habitation privées, bureaux
- Boîte de 8 dalles : 50 x 50 cm
- Prix au m² : 149 F.

– **Carrelage – Grès Céram**
- Réf. : Sila – le choix – Groupe 3
- Passage recommandé Séjour et Chambre
- Classement UPEC : U2 P2 E3 C2
- Prix au m² : 75 F.

– **Revêtement de sol – Gerflex**
- Réf. : Transit 300
- Classement UPEC : U3 P3 E3 C2
- Classement feu M3
- Usage : Salle de classe, couloirs et chambres
- Prix au m² : 70 F.

a *- Décoder le sigle U.P.E.C.*
• U. :
• P. :
• E. :
• C. :

b *- Énoncer dans le tableau ci-dessous et pour chacun des revêtements :*
– 2 avantages
– 1 inconvénient

Revêtements	**Avantages**	**Inconvénients**
Moquette	– –	–
Carrelage	– –	–
Gerflex	– –	–

c *- En fonction du document E, choisir le classement U.P.E.C. utilisable pour ce coin-repos – Bibliothèque.*

Classement U.P.E.C.

D'après ce critère et le tableau précédent, choisir le revêtement qui conviendrait le mieux, justifier votre réponse dans les 3 cas.

CLASSEMENT UPEC DES LOCAUX

Document E

PRINCIPALES AFFECTATIONS (Extrait du Cahier CSTB n° 2183 de Septembre 1987

UPEC	Tableau 1 habitation	Tableau 2 bureaux, etc.	Tableau 3 commerces	Tableau 4 hôtels, etc.	Tableau 5 enseignement	Tableau 6 hôpitaux
2210*	Chambre Escalier principal					
2221 2231	Salle d'eau d° sur plancher bois			Sanitaires de chambre		
2s 210	Entrée Séjour			Chambres		
2s 222	Cuisine					
3210	Couloir escalier	Salle conférence Salle réunion	Boutiques étage	Circulation salon	Salle de musique	
3220	Local V.O. (étage)	Église. Escalier	Bout. rez-de-chaussée	Escalier	Circulations	
3221 3222		Salle publique Restaurant		Grand salon Restaurant	Sanitaires sans douche	
3310		Bureaux, couloirs	Magasin multiples étages		Bureaux	Bureaux Couloirs
3320		Informatique			Classe Bibliothèque	
3321		Foyer de jeunes			Labo physique	Séjour malades
3322			Boutiques alimentation			Chambres
3322						Chambre d'isolement
3333		Reprographie				Salle de traitement
4220	Hall	Hall attente aéroport			Circulations étudiants rez-de-chaussée	
4320		Musées	Magasin Rdc Circulations	Hall cinéma	Classes	
4321 4322		Circulations locaux techniques Comptoir distribution restaurant			Hall Escaliers Cantine	Couloirs Radiodiagnostic
4331 4332		Hall public de circulation				Chambres pour agités
4333						Salle opérations
3232 3332 3333	Balcon privatif				Sanitaires avec douches Labo chimie	Sanitaires collectifs Décontamination
4321 4332	Escalier extérieur collectif	Cuisine et annexes	Cafétéria	Cuisine et annexes	Hall enseignement supérieur	Hall Palier d'ascenseur Sanitaires publics
4432 4433			Grande surface Cuisine		Cuisines et annexes	Blanchisserie Cuisine Locaux de désinfection

* Ex : $U_2 P_2 E_1 C_0$

Il est possible de se procurer tous ces documents au CSTB (Centre Scientifique et Technique du Bâtiment) 4, avenue du Recteur-Poincaré, 75782 PARIS CEDEX 16 – Tél. 45 24 43 02

***d** - Analyser les fiches techniques des produits d'entretien :*
Documents F1, F2, F3 et compléter le tableau suivant en indiquant :
- à quel type de salissure est destiné chacun de ces produits ?
- le pH de chacun de ces produits
- le mode d'action

Produit	Type de salissure	pH	Mode d'action
Brillo Hygiène			
Brillo Breack up			
Sani Go getter			

Document F1

brillo

HYGIENE

LIQUIDE DETERGENT DESINFECTANT
TOUTES SURFACES ALIMENTAIRES

DEFINITION

BRILLO Hygiène est spécialement développé pour nettoyer et désinfecter en une seule opération tout en respectant les surfaces et matériels.

- **Convient à tout type de matériel.**
- **Elimine les odeurs désagréables.**
- **Renforce l'hygiène.**

CONSEILS D'UTILISATION

- **BRILLO Hygiène s'utilise en solution, à raison de 10 à 15 g par litre d'eau (soit 1/2 à 3/4 d'un verre dans 10 L d'eau).**
- **Etendre la solution sur la surface.**
- **Brosser si nécessaire.**
- **Laisser agir au minimum 5 minutes.**
- **Rincer à l'eau claire.**

CARACTERISTIQUES PHYSICO-CHIMIQUES

- **Aspect : liquide de couleur verte.**
- **Principaux composants : tensio-actifs, composé bactéricide, parfum.**
- **Densité : 1,00 ± 0,05.**
- **pH (pur) : 5,5 ± 0,5.**

LEGISLATION

- **Produit conforme à la réglementation relative aux produits de nettoyage des appareiles et récipients destinés à être mis au contact des denrées alimentaires.**
- **Déseinfectant NFT 72110.**
  Activité bactéricide selon norme NFT 72151 : 0,5 % (V/V).
- **Biodégradable à plus de 90 %.**

CONSEILS DE SECURITE

Toxicité orale exprimée en DL 50 (rat) : supérieure à 5 ml/kg.

- **Irritant pour les yeux.**
- **Conserver hors de la portée des enfants.**
- **En cas de conctant avec les yeux, laver immédiatement et abondamment avec de l'eau et consulter un spécialiste.**

CONDITIONNEMENT

- **Carton de 4 bidons transparents de 5 L.**
- **Craint le gel.**

Document F2

brillo

BREAK UP

DETERGENT ALCALIN POUR LE NETTOYAGE DES SOLS ET SURFACES ALIMENTAIRES

DEFINITION

BRILLO Break-Up est un dégraissant alimentaire puissant qui élimine les graisses fraîches ou sèches en une seule application.

- Dégraisse en profondeur.
- Assure une propreté et une hygiène rigoureuse.
- Restreint les risques de glissade dûs à des sols gras.
- Tout aussi performant en eau dure.
- N'altère pas les surfaces ou ustensiles en aluminium.

CONSEILS D'UTILISATION

Dégraissage des sols et surfaces alimentaires :
BRILLO Break Up s'utilise en solution, à raison de 10 à 20 g par litre d'eau tiède (soit 1/2 à 1 verre pour 10 L d'eau).

- Appliquer la solution sur la surface.
- Laisser agir quelques minutes.
- Brosser si nécessaire.
- Rincer à l'eau claire.

Dégraissage des filtres :

- Ajouter 50 à 100 g par litre d'eau (soit 1/4 à 1/2 verre par litre d'eau) de BRILLO Break Up dans un bac de trempage rempli aux 2/3 d'eau chaude (50°-60°).
- Démonter les filtres puis les rincer au jet pour éliminer le plus gros des souillures.
- Les mettre à tremper verticalement jusqu'à élimination des graisses.
- Rincer abondamment à l'eau courante.
- Les remonter puis mettre en route la ventilation pour un séchage rapide.

RECOMMANDATION

Dans le cas d'un contact prolongé avec le produit, le port des gants est recommandé.

CARACTERISTIQUES PHYSICO-CHIMIQUES

- Aspect : liquide concentré de couleur jaune clair.
- Principaux composants : composants alcalins, tensio-actifs, agent séquestrant, solvant organique.
- Densité : 1,16.
- pH (pur) : 13 ± 0,5.

LEGISLATION

- Produit conforme à la réglementation relative aux produits de nettoyage des appareils et récipients destinés à être mis au contact des denrées alimentaires.
- Biodégradable à plus de 90%.

CONSEILS DE SECURITE

- Irritant pour les yeux et la peau.
- Conserver hors de la portée des enfants.
- En cas de contact avec les yeux, laver immédiatement et abondamment avec de l'eau et consulter un spécialiste.
- Après contact avec la peau, se laver immédiatement et abondamment avec de l'eau.

CONDITIONNEMENT

- Carton de 4 bidons transparents de 5 L ou 1 bidon de 25 L.
- Craint le gel.

Document F3

SANI

GO GETTER / DECAP'MOUSSE

Détartrant/nettoyant/désinfectant performant et sans risque pour le W.C. et urinoirs.

- Elimine les dépôts calcaires
- Nettoie
- Desinfecte
- Désodorise.
- Sans risque sur acier inoxydable et surfaces chromées.
- Respecte l'environnement
- Economique

- Elimine les dépôts calcaires grâce à son composé acide spécifique
- Nettoie totalement les W.C./urinoirs grâce à la vadrouille qui permet d'atteindre le rebord interne des cuvettes.
- Désinfecte selon le processus de la norme française AFNOR NFT 72151
- Désodorise : SANI W.C. GO GETTER / DECAP'MOUSSE est agréablement parfumé.
- Facile à appliquer grâce à la vadrouille.
- Sans risque sur acier inoxydable et surfaces chromées, grâce à la nature de son composé acide spécifique.
- Respecte l'environnement, grâce à sa nouvelle formule rapidement biodégradable.
- Economique grâce au dosage spécial de la mousse, vous utilisez beaucoup moins de produit.

CONSEILS D'UTILISATION

Tirer la chasse d'eau.

(1) Baisser le niveau d'eau à l'aide de la vadrouille.
(2) Bien presser la vadrouille et imprégner de mousse active
(3) Appliquer la mousse sur les parois de la cuvette et surtout sous les rebords et le siphon.
(4) Laisser agir 30 secondes au minimum.
(5) Tirer la chasse d'eau et rincer la vadrouille. L'essorer à l'aide du cône protecteur

CARACTERISTIQUES:

Aspect du produit	: Liquide incolore concentré
Viscosité	< 10 mPa.s
pH	: < 1
Densité	: 1.054
Consommation	: 90 à 100 cuvettes au litre
Conditionnement	: 2 x 5 litres 6 x 1 litre

SECURITE/LEGISLATION:

- Irritant pour la peau et les yeux
- Biodégradable à plus de 90 %.
- Sans danger pour les canalisations et les fosses septiques
- Toxicité orale exprimée en DL 50 (rat) : > 2 ml/kg.

RECOMMANDATIONS:

- Porter des gants appropriés.
- Conserver le récipient à l'abri du gel
- Tenir hors de portée des enfants.
- En cas de contact avec les yeux, laver immédiatement et abondamment avec de l'eau et consulter un spécialiste.
- Après contact avec la peau, se laver immédiatement et abondamment avec du savon et de l'eau
- Ne pas mélanger à l'eau de javel ni à d'autres produits chimiques.
- Ne pas appliquer sur surfaces peintes, pierres naturelles, métaux ou métaux émaillés et aluminium.

Corrigé

Biologie

1 - Le système nerveux.
a - Annoter le schéma suivant :

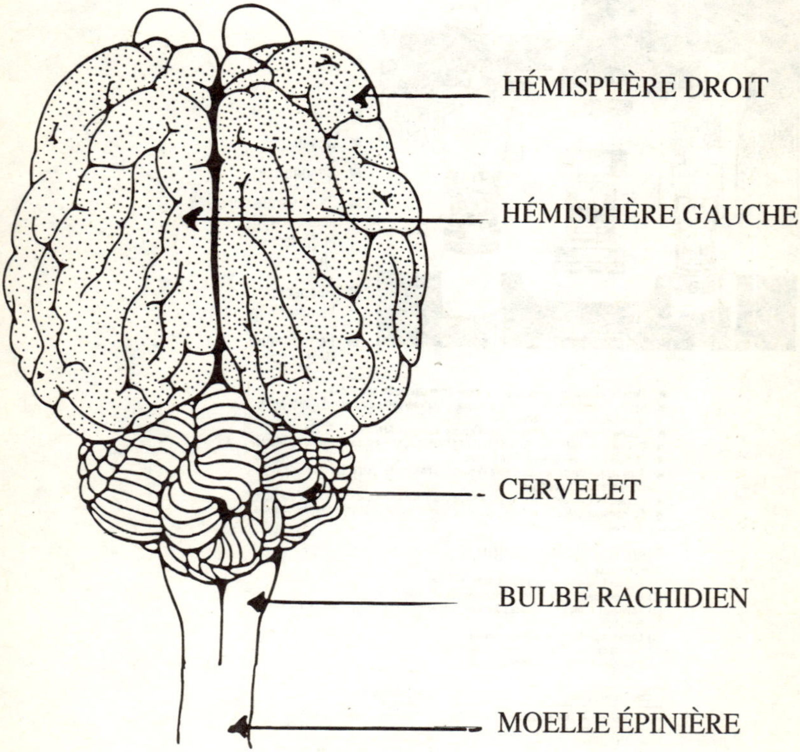

• ÉLÉMENTS PRINCIPAUX DU SYSTÈME NERVEUX CENTRAL

Le schéma présente les éléments principaux du système nerveux central. Il se compose de deux grandes parties :

– le cerveau et la moelle épinière

On distingue :

– le télencéphale composé de ses deux hémisphères cérébraux
– le diencéphale composé du thalamus et de l'hypothalamus
– le tronc cérébral composé du mésencéphal, du pont et du bulbe et de la moelle épinière.

Ici sur le schéma on pouvait reconnaître les deux hémisphère cérébraux (droit et gauche), le cervelet, le bulbe et la moelle épinière.

Le titre : schéma du système nerveux central face dorsale.

b - Nommer les éléments nerveux qui transmettent l'influx nerveux :
• Des organes au cerveau : nerfs sensitifs
• Du cerveau au organes : nerfs moteurs.

c - La moelle épinière est la partie du système nerveux central contenue dans le canal rachidien, c'est-à-dire à l'intérieur de la colonne vertébrale.

2 - Coupe partielle de la tête.

a - Le schéma vous propose deux légendes à indiquer.

En 1 : Les méninges sont trois, membranes concentriques qui enveloppe entièrement l'axe cérébro-spinal (pure mère, tissus arachnoïdes et pie-mère).

En 2 : Chaque hémisphère est formé de substance grise et substance blanche creusé d'un diverticule : le ventricule latéral.

La couche périphérique est la substance grise c'est la couche corticale grise ou écorce grise. Cette couche corticale occupe toute la surface des circonvolutions.

La substance blanche occupe tout l'espace compris entre l'écorce grise et la face latérale du cerveau intermédiaire.

2 - Voici une coupe partielle de la tête.

a **-** Compléter la légende :

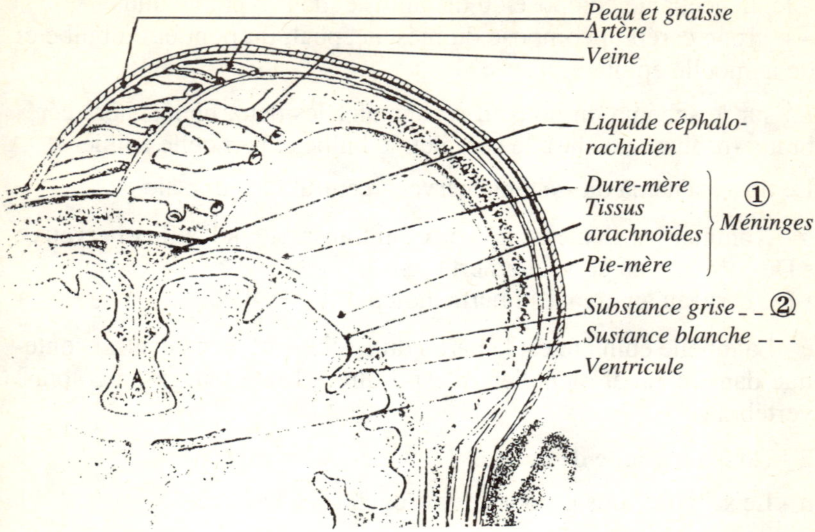

b **-** Les méninges ont essentiellement un rôle nourricier et un rôle protecteur.

c **-** Cortex et substance grise.

3-a **-** Le système nerveux central est constitué de deux sortes d'éléments cellulaires : les uns sont les cellules nerveuses ou neurones, les autres sont des éléments de soutien : les cellules névrogliques.

La cellule nerveuse est composée d'un corps cellulaire contenant un noyau et donne naissance à des prolongements : noyau, corps cellulaire et prolongements forment un tout indivisible appelé neurone.

b **-** Les prolongements sont de deux sortes :
– le prolongement cylindraxile : axone
– les prolongements protoplasmiques : dendrites.

Les cellules nerveuses ne se reproduisent pas.

c - Annoter le schéma suivant et préciser le type de cellule nerveuse.

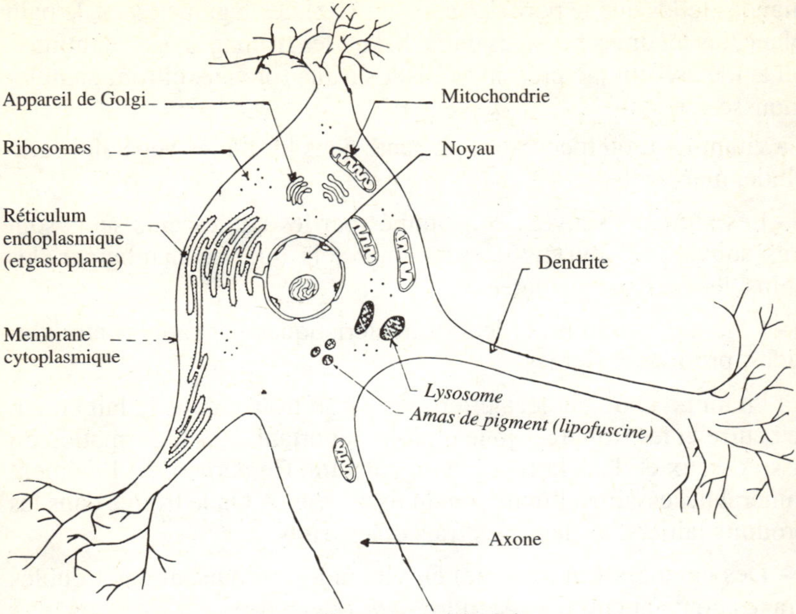

TYPE DE CELLULE NERVEUSE : **Neurone multipolaire** ....

d - Compléter le texte ci-dessous :

Les contacts entre 2 cellules nerveuses se font entre :
dendrite d'une cellule A et dendrite d'une cellule B. Ou dendrite d'une cellule A et axone d'une cellule B.
Elles ne sont pas collées les unes aux autres mais s'effleurent laissant entre elles un espace nommé synapse.
La communication se fait par l'intermédiaire de sécrétions chimiques ou neuromédiateur.

Nutrition

1 - Le texte qui vous est présenté fait référence à une étude menée par l'INSERM (Institut National de la Santé et de recherche Médicale) et du Centre d'étude sur les vitamines. Le résultat de cette enquête montre que les adolescents dès qu'ils mangent seuls ont un régime pauvre en vitamines B, C et E.

La vitamine B (B1, B2) que l'on trouve dans les abats (foie), les viandes telles que le porc, les céréales (riz), les légumes secs, le pain blanc, les légumes frais, les œufs, le lait, les fromages. La vitamine C ou acide ascorbique présente dans les fruits (orange, citron, pamplemousse…).

La vitamine E ou tocophérol présente dans les huiles végétales (arachide, maïs, colza).

***a* -** Les aliments souvent consommés par les adolescents seuls sont très souvent dépourvus de vitamines tels que les hamburger, les chips, les barres chocolatées…

***b* -** Rôle des vitamines et leurs caractéristiques par rapport aux glucides, protides et lipides.

La vitamine D ou cholécalciférol que l'on trouve dans le lait entier, le beurre et les fromages joue un rôle important dans la formation du tissu osseux et dans la fixation du calcium. Ce dernier est l'élément minéral nécessaire à l'entretien du tissu osseux. On le trouve dans les produits laitiers, les légumes frais et les fruits.

***c* -** Des carences (un manque) en vitamines produisent des troubles graves pouvant entraîner la mort.

Vitamine C : saignement des gencives, déchaussement des dents, faiblesse des dents, asthénie : scorbut.

Vitamine B : paralysie musculaire, troubles circulatoires, œdèmes : Béri-béri.

Vitamine D : trouble de la croissance : rachitisme.

Cependant une notion s'impose : celle d'équilibre vitaminique. On ne peut considérer toute vitamine comme agissant seule, indépendamment les unes des autres ; il existe entre différents facteurs des synergies et des antagonismes. L'exemple le plus caractéristique est celui de la carence en vitamines A et D. La carence en vitamine A agit dans le même sens que celui de l'excès de vitamine D, et réciproquement, l'hypoavitaminose D a une action analogue à celle de l'hyperavitaminose A. Entre la vitamine D et le groupe B existent des relations analogues. Enfin une dose suffisante d'acide ascorbique cesse de l'être quand le taux de vitamine A dépasse les besoins normaux.

***d* -** Proposition d'un repas de midi à un adolescent. Compte tenu de ce qui vient d'être développé, il faut composer un repas apportant les vitamines et un produit laitier. Il peut être proposé, comme exemple : une salade composée (maïs, soja, œuf), du porc (rôti) épinards, yaourt ou fromage, orange.

Sciences Médico-Sociales

1 - Le bilan de naissance

a - Le certificat de santé est rempli par le médecin à la naissance. Ce certificat est extrait du carnet de santé (remis par le service de l'état civil au moment de la déclaration de naissance). Ce document doit être envoyé par les parents à l'organisme qui paie les prestations familiales : la Caisse d'Allocations Familiales de l'un des parents. En retour ils recevront une prestation (l'AJE) l'allocation pour jeune enfant.

La deuxième partie du certificat (confidentielle) est envoyé par le médecin au médecin chef du centre de PMI.

b - Les réflexes archaïques.

Les réflexes archaïques du nouveau-né répondent à la définition générale des réflexes, c'est-à-dire qu'ils comportent :

– une stimulation agissant sur un organe récepteur qui commande une voie afférente
– un ou plusieurs centres qui se trouvent dans le système nerveux central
– une ou plusieurs voies afférentes qui mettent en jeu des effecteurs.

Parmi les réflexes du nouveau-né certains existaient « in utero » (sucer son pouce, déglutir…). C'est pour cette raison qu'on leur donne le nom de réflexes archaïques.

c - À la naissance les réflexes persistent quelques temps. Ce sont eux qui permettent de juger de l'état du développement du système nerveux, MAIS pas du cerveau de l'enfant. Ces réflexes doivent disparaître avec la maturation du système nerveux.

d - À une excitation des lèvres, ou de la langue, le nouveau-né réagit par un mouvement des lèvres et de la langue permettant ainsi la tétée : c'est le réflexe de succion (ce réflexe ainsi que celui de la déglutition sont inexistants chez les grands prématurés).

À une stimulation de la paume des mains, l'enfant ferme automatiquement les mains comme pour saisir un objet : c'est le réflexe d'agrippement ou grasping.

L'excitation de la plante des pieds de l'enfant déclenche des mouvements des jambes qui rappellent la marche. Si le nouveau-né est soutenu debout sur une table, il appuie fermement sur la plante des pieds, talons en avant pour avancer : c'est le réflexe de la marche, (ce réflexe n'existe pas chez les grands prématurés).

À une excitation brusque auditive ou en simulant une chute par exemple l'enfant redresse la tête en écartant les bras comme pour se protéger : c'est le réflexe de Moro (ou encore le réflexe du parachutisme en raison de la position adoptée).

e - À l'aide du document proposé vous pouviez trouver :
- la cyanose : coloration bleue des téguments de la peau (oxygénation insuffisante),
- l'œdème : accumulation anormale du liquide séreux dans les espaces intercellulaires du tissu conjonctif,
- l'ictère (jaunisse) : coloration jaune de la peau due à la présence, dans le sang et les tissus, de pigments tissulaires.

f - Le test de Guthrie est une réaction bactériologique destinée à la recherche de la phénylcétonurie (PCU). Il permet de détecter la présence et le taux de phényalanine dans le sang du nouveau-né. La phényalanine est un acide aminé indispensable chez l'homme (et chez tous les animaux supérieurs). Un acide aminé indispensable permet de couvrir les besoins azotés de l'organisme. En conséquence on ne doit pas retrouver d'acides aminés indispensables dans le sang. La présence de phényalanine traduit l'impossibilité pour l'organisme de réaliser sa synthèse à partir d'autres composés.

La phénylcétonurie est un retard mental important qui se traduit par une arriération profonde. Cette maladie peut être évitée si elle est dépistée à temps et soignée (prescription d'un régime pauvre en phényalanine et pauvre en protéines).

g - Les deux examens obligatoires :

Avant 6 ans l'enfant subira deux autres examens médicaux obligatoires, l'un à neuf mois et l'autre à deux ans. Dans le cas proposé ici, les dates de ces examens médicaux étaient :
- le premier aux alentours du 31 juillet 1995
- le second aux environs du 31 octobre 1996.

Microbiologie

Il existe un calendrier obligatoire des vaccinations. Ce sont des dates avant lesquelles les vaccinations DOIVENT être pratiquées. Les vaccinations antidiphtérique, antitétanique et antipoliomyélitique doivent être effectuées avant l'âge de 18 mois, le BCG à l'âge de six ans et chez le nourrisson placé en dehors de sa famille, tel est le cadre légal (c'est-à-dire quand l'État reconnaît ses responsabilités en cas d'accident vaccinal). En dehors de ce cadre le médecin est libre de vacciner à l'âge qui lui paraît le meilleur.

BCG (Bacille de Calmet et Guerin) assure une protection contre la tuberculose. Cette protection n'est pas totale d'une part et non définitive. Des tests tuberculiniques fréquents sont donc nécessaires.

DTPolio : permet d'être protégé contre la Diphtérie, le Tétanos et du virus de la poliomyélite.

Tetracoq : il comporte quatre vaccins associés : les trois précédents (diphtéries-tétanos-poliomyélite) auxquels s'ajoute celui contre la coqueluche. Tous ces vaccins revêtent un caractère obligatoire pour fréquenter la collectivité.

ROR : comme Rougeole-Oreillons-Rubéole demeure facultatif.

2 - Diversité du monde microbien.

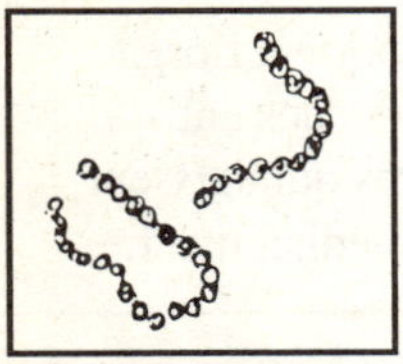

Schéma 1

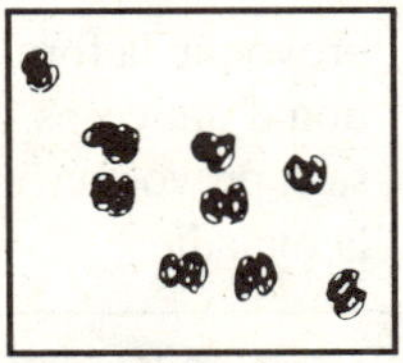

Schéma 2

Schéma 3

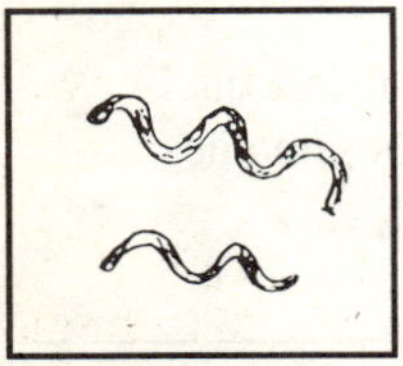

Schéma 4

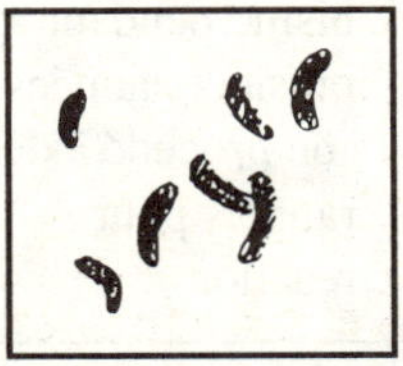

Schéma 5

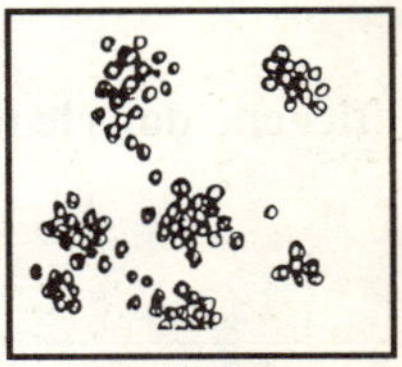

Schéma 6

Staphylocoques →	Schéma N° 6	Diplocoques →	Schéma N° 2
Spirilles →	Schéma N° 4	Streptocoques →	Schéma N° 1
Bacilles →	Schéma N° 3	Vibrions →	Schéma N° 5

3 - Vaccins et sérums.

a - Le sérum antitétanique se compose, d'après le document d'anticorps ou gamma globulines.

Le vaccin antitétanique se compose d'anatoxines.

b - Définitions :

– anatoxine c'est une toxine atténuée par la chaleur.
– anticorps c'est une protéine (gamma globuline) produite en réponse à la pénétration dans l'organisme d'un antigène et capable de le neutraliser.

c - Différencier vaccins et sérums :

Caractéristiques	VACCIN	SÉRUM
Composition	Antigènes, c-à-d. agents pathogènes, toxines… • soit vivants mais virulence atténuée • soit tués.	Anticorps
Action sur l'organisme	provoque la formation d'anticorps sans provoquer la maladie	Apporte à l'organisme des anticorps qui agissent immédiatement.
Efficacité dans le temps	• protège l'organisme pendant plusieurs années. • on procède à des rappels pour réaction	Limitée à quelques semaines.
Quand l'utiliser	Avant la maladie → prévention	Pendant la maladie → c'est un traitement.

Sciences Médico-Sociales

1 - La personne handicapée.

a **-** Cause de déficience motrice.

Suite à un accident de voiture, David X est paralysé des deux membres inférieurs, il est donc paraplégique (la paralysie des quatre membres s'appelle la tétraplégie ou quadriplégie). Cela semble due à une interruption bilatérale des voies motrices situées habituellement au niveau de la moelle épinière.

b **-** Organisme de reconversion.

Ne pouvant désormais plus exercer sa profession il peut envisager une reconversion en s'adressant à la COTOREP (Commission Technique d'orientation et de reclassement professionnel pour les adultes).

c **-** Structures d'accueil :
– un centre d'aide par le travail (CAT)
– des ateliers protégés,
tout simplement l'entreprise traditionnelle qui doit accueillir dans son effectif des travailleurs handicapés.

d **-** Prestations :

Ne percevant plus son salaire, il peut recevoir une prestation (AAH) Allocation d'adulte handicapé. Dans ce cas l'organisme prestataire est la CAF.

Connaissance des équipements

1-a **-** UPEC
U : résistance à l'usure.
P : résistance au poinçonnement.
E : résistance à l'eau.
C : résistance aux produits chimiques.

Chacune de ces lettres peut prendre certaines valeurs : nous obtenons **du moins au plus** résistant :
U : U1, U2, U3, U4.
P : P1, P2, P3, P4.
E : E0, E1, E2, E3.
C : C0, C1, C2.

b - Avantages et inconvénients des revêtements présentés :

Revêtements	Avantages	Inconvénients
Moquette	bon isolant thermique et phonique	difficulté d'entretien
Carrelage	résistant, facilité d'entretien	sonore et froid
Gerflex	isolant thermique et phonique facile d'entretien	se raye facilement

c - D'après le tableau, il apparaît que pour un coin bibliothèque, le classement UPEC utilisable est U3 P3 E2 C0.
D'après les indications fournies, le revêtement Gerflex (classement U3P3E3C2) semble plus intéressant que la moquette. Sa facilité d'entretien, et sa bonne isolation thermique phonique sont les critères à prendre en compte.

d - Analyse des fiches techniques des produits d'entretien présentés :

Produit	Type de salissure	pH	Mode d'action
Brillo Hygiène	Dépôt alimentaire graisse bactéries	5,5	Tensio-actif, décolle les graisses détruit les micro-organismes
Brillo Breack up	graisses fraîches ou sèches	13	décolle les graisses
Sani Go getter	calcaire ou tartre	< 1	élimine le tartre

ACADÉMIE DE LIMOGES - BEP CSS 1995

Coefficient : 8 - Durée : 4 h

Sujet 2

Nutrition *(35 points)*

Travail à faire

Monsieur B., avant d'avoir ses ennuis de santé, mangeait copieusement et appréciait la cuisine au beurre, les plats en sauce, les gâteaux à la crème.

1 - Citer 2 aliments d'origine animale et 2 aliments d'origine végétale riches en lipides (2 points).

***a** - Origine animale.*

***b** - Origine végétale.*

2 - Préciser 4 rôles des lipides dans l'organisme (4 points).

3 - Nommer les vitamines que l'on trouve dans le beurre et indiquer leurs rôles (6 points).

Vitamines	Rôles
•	– –
•	– –

4 - Expliquer les conséquences d'une consommation excessive de beurre, dans le cas de Monsieur B. (2 points).

5 - Les corps gras, utilisés couramment, renferment des acides gras de natures différentes (3 points).

Aliments corps gras	**Acides gras**
– Beurre	
– Huile d'olive	1 Acides gras saturés
– Saindoux	
– crème	2 Acides gras insaturés
– Huile d'arachide	
– Margarine au tournesol	

***b** - En déduire deux observations sur l'origine des corps gras (2 points).*

Technologie *(15 points)*

1 - Observer le document A (page suivante) sur le mode de service des repas en collectivités.

***a -** À l'aide de ce document, compléter le tableau ci-dessous en indiquant les températures à respecter (5 points).*

LIAISON		LIAISON ....
Liaison	Liaison	
T° de fin de cuisson .... °C	.... °C	.... °C
Refroidissement rapide par :		Transport dans : ....
T° < à ....°C	.... °C	à .... °C
En moins de : ...... h	...... h	
Stockage à : ...... °C	.... °C	
Pendant :	....	
Remontée en T° .... °C	Décongélation et remontée en T° à .... °C	
Par :		
En moins de : ..... h	...... h	
SERVICE	SERVICE	SERVICE
à : .... °C	à :............ °C	à .... °C

CONSOMMATION

***b** - Donner 2 avantages et 2 inconvénients de la liaison froide (4 points).*

Avantages **Inconvénients**

Document A

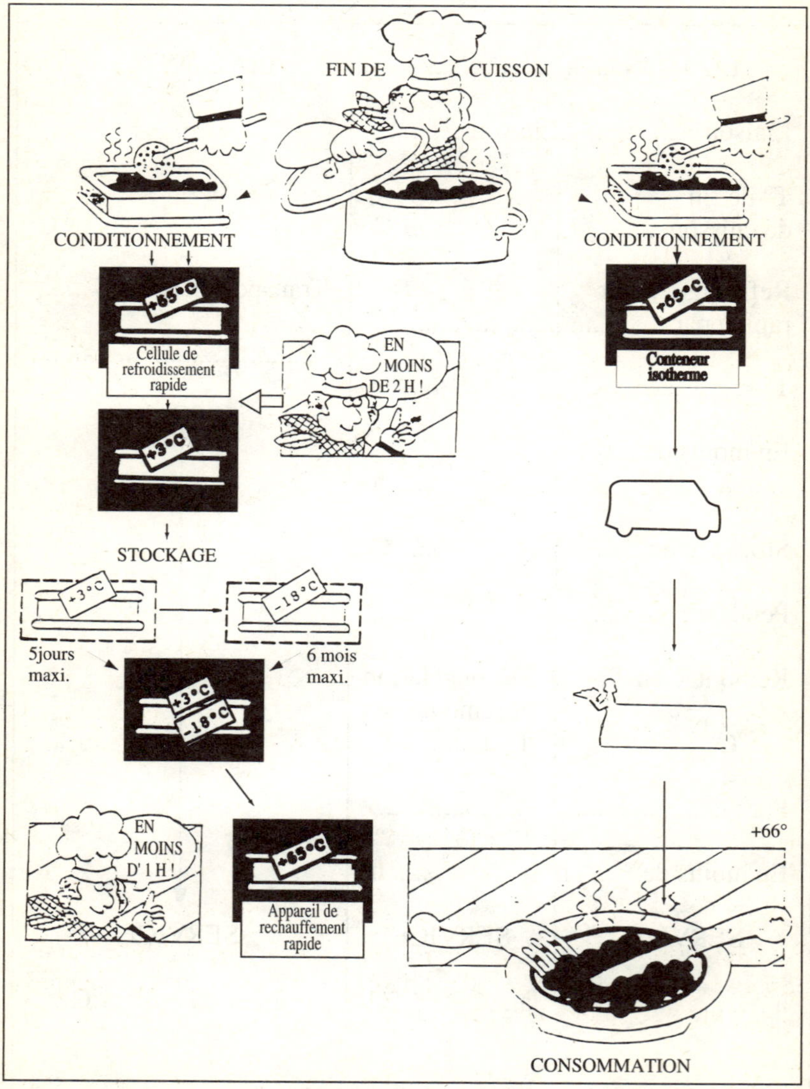

2 - La remise en température des aliments peut se faire dans l'appareil présenté ci-dessous :

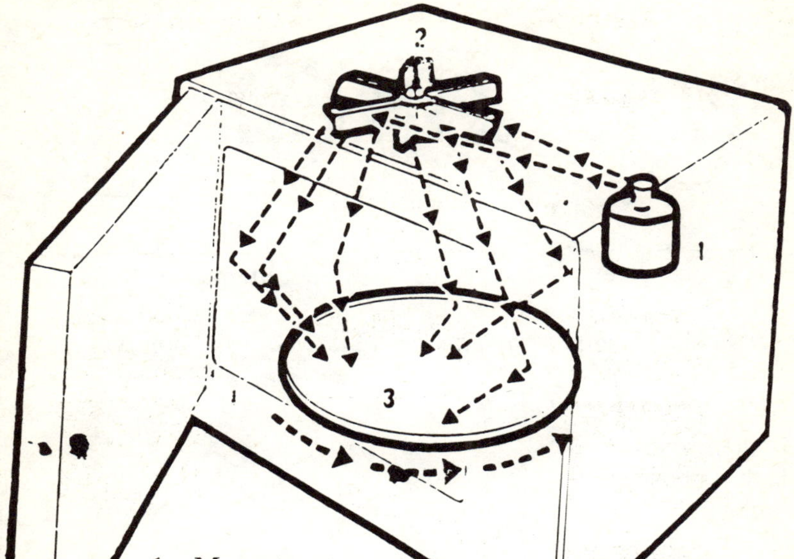

1 – Magnetron
2 – Répartiteur d'ondes
3 – Plateau

a *- Donner le nom de cet appareil (1 point).*

b *- Expliquer son principe de fonctionnement (2 points).*

c *- Donner 3 avantages dans l'utilisation de cet appareil (3 points).*

Biologie *(42 points)*

Les maladies cardio-vasculaires et l'appareil circulatoire.

La Fédération française de cardiologie déclare : « En France, toutes les cinq minutes environ, une personne décède des suites d'une maladie cardio-vasculaire. »

1 - Les principales maladies cardio-vasculaires sont les conséquences de lésions qui se développent insidieusement dans la paroi des artères.

a - *Compléter le schéma page ci-contre précisant le nom de chaque lésion (4 points).*

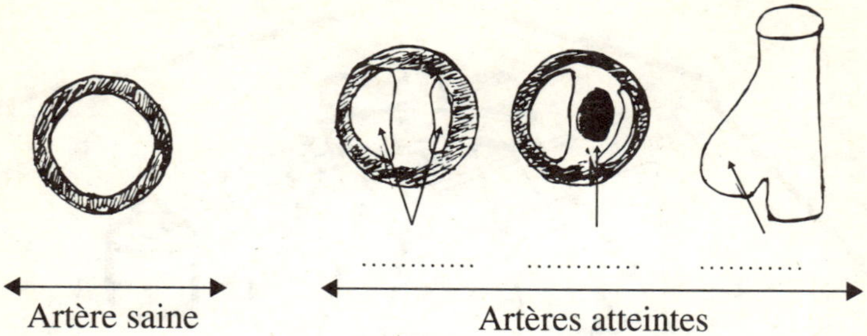

b - *Indiquer la cause principale de ces anomalies (3 points).*

c - *Donner les définitions de (6 points) :*

- l'athérosclérose :
- la thrombose :
- l'anévrisme :

d - *Inscrire sur le schéma ci-dessous les trois conséquences de l'athérosclérose au niveau (3 points) :*

- du cerveau
- du cœur
- des artères des membres inférieurs.

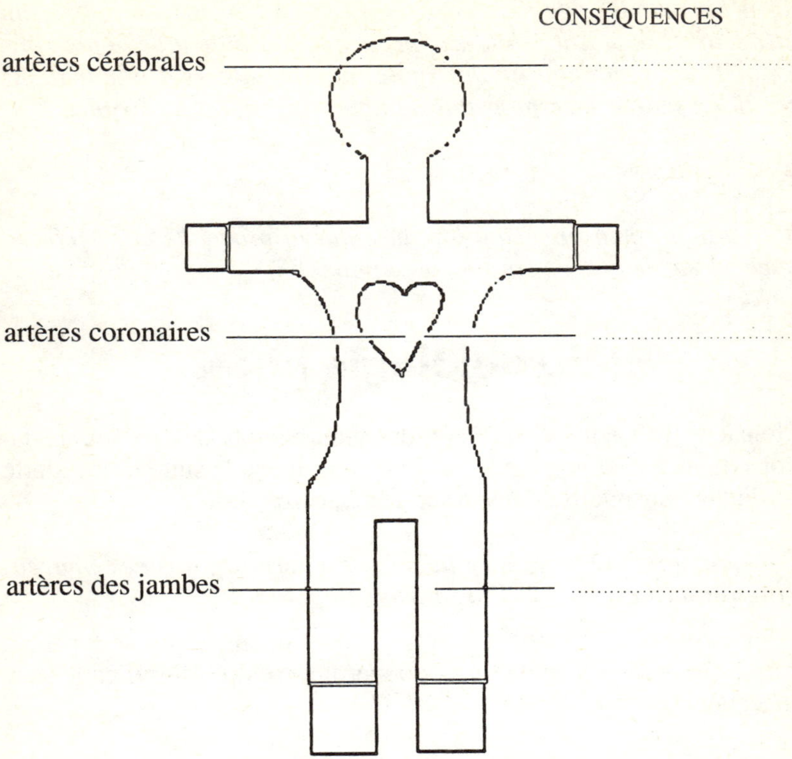

2 - *Au cœur de la vie : le cœur une pompe musclée : pendant toute notre existence, il ne cessera de battre 70 fois par minute au repos, soit 100 000 fois par jour.*

Titrer et annoter le schéma ci-après (12 points).

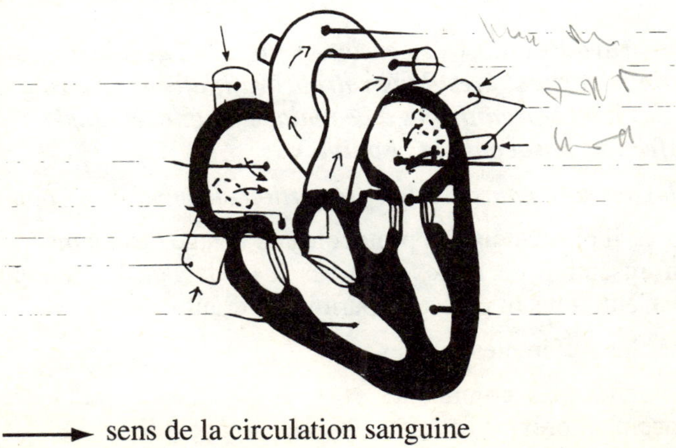

→ sens de la circulation sanguine

3 - Monsieur B., âgé de 66 ans, se rend en consultation chez son médecin. Il se plaint d'une « oppression » au milieu de la poitrine. Le médecin reconnaît un des signes annonciateurs d'une maladie cardio-vasculaire, responsable de nombreux décès en France.

***a** - Citer le nom de cette maladie (1 point) ?*

***b** - La définir, en précisant la cause qui la provoque et ses conséquences sur le muscle cardiaque (4 points).*

Microbiologie *(18 points)*

Monsieur B., sujet à risque, n'a pas tenu compte des recommandations données par son médecin. Il se retrouve, à la suite d'une alerte cardiaque, hospitalisé dans le service de cardiologie.

1 - Chez tout malade hospitalisé des micro-organismes peuvent pénétrer à l'intérieur de l'organisme (4 points).

Citer 4 voies de pénétration les plus fréquemment empruntées par les germes en milieu hospitalier et donner un exemple significatif pour chacune.

2 - L'hôpital accueille beaucoup de malades et de nombreux germes y sont partout concentrés, aussi Monsieur B., risque de contracter au cours de son séjour une infection appelée « infection nosocomiale » (2 points).

Définir une « infection nosocomiale ».

3 - Vous travaillez dans ce service. Vous allez devoir prendre des précautions particulières dans votre travail, afin d'éviter de transmettre des micro-organismes à ce malade fragile, et ainsi de prévenir l'infection nosocomiale (7 points).

***a** - Le lavage des mains est une précaution élémentaire (7 points).*

À ce sujet, il existe déjà des protocoles de lavage des mains (c'est-à-dire un ensemble de règles relatives à un lavage hygiénique des mains). Celui qui suit en est un parmi tant d'autre.

Observer les différentes images.

Les expliciter (les commenter et/ou les expliquer) en respectant l'emplacement prévu à cet effet (sous les images).

Bâtir la conclusion dans l'encadré du protocole en précisant les principaux intérêts du lavage hygiénique des mains.

PROTOCOLE DE LAVAGE HYGIÉNIQUE DES MAINS

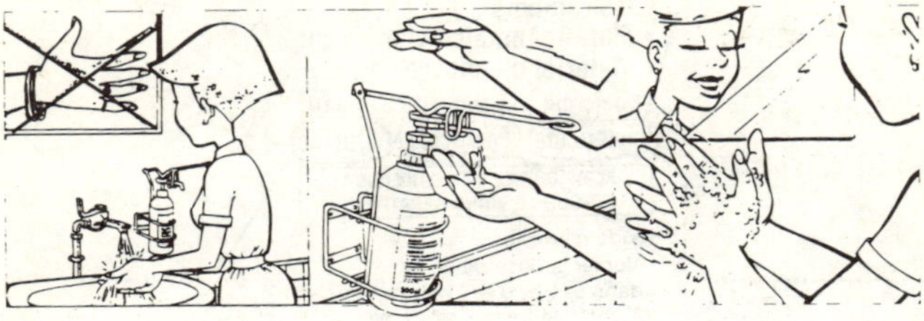

1 - 2 - 3 -

4 - 5 - 6 -

b **-** *L'entretien méticuleux du matériel est également une façon de lutter contre les infections nosocomiales.*

Définir de manière précise les termes, signalés par une flèche, figurant sur l'étiquette d'un produit d'entretien utilisé en milieu hospitalier (3 points).

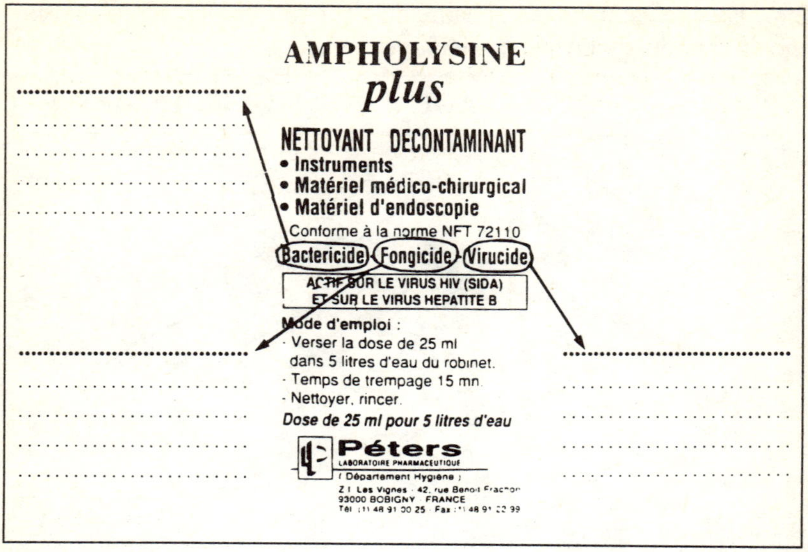

Pour être efficace, les produits d'entretien présentent un certain pH.

c - Voici les résultats d'expériences de cultures bactériennes en boîtes de pétri dont la gélose est à différents pH.

pH de la gélose nutritive	Observation des cultures
2,8	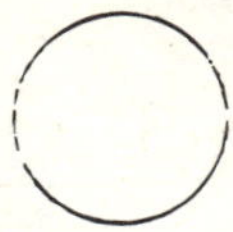
4,4	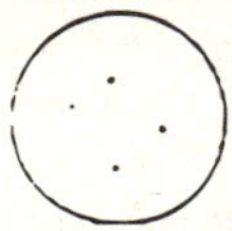
5,2	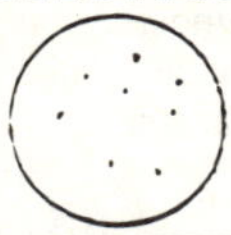
6,0	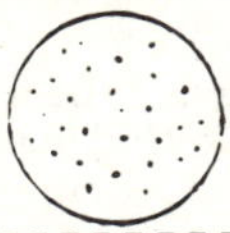
7,6	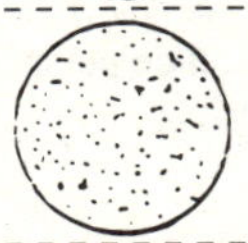
8,4	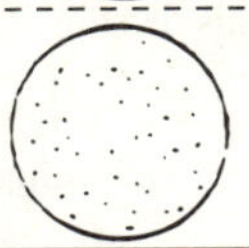
9,2	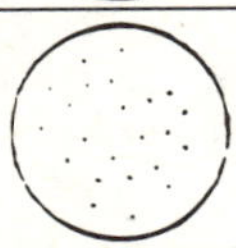
10,0	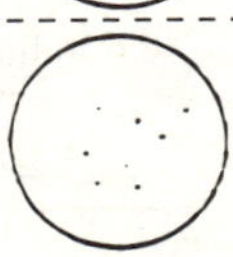

Observer les résultats de ces cultures.

Compléter le document ci-après en cochant la réponse qui convient (2 points).

Propositions	Vrai	Faux
1 – Un milieu neutre ne favorise pas la multiplication des bactéries.		
2 – Un milieu très acide empêche toute multiplication des bactéries.		
3 – La multiplication des bactéries est intense dans un milieu modérément acide.		
4 – En milieu basique, seules quelques bactéries se multiplient.		

Sciences Médico-Sociales *(50 points)*

1 - Les maladies cardio-vasculaires sont considérées en France, comme des maladies à incidence sociale.

a - *Analyser le document 1 (page 106) et indiquer les trois aspects qui caractérisent ce fait. Compléter votre réponse à l'aide de chiffres significatifs (6 points).*

b - La prévention en action : devant cette situation, il est absolument nécessaire de réagir. Énoncer quatre moyens de prévenir l'apparition des maladies cardio-vasculaires (8 points).

Document 1

PRINCIPALES CAUSES DE DÉCÈS EN FRANCE

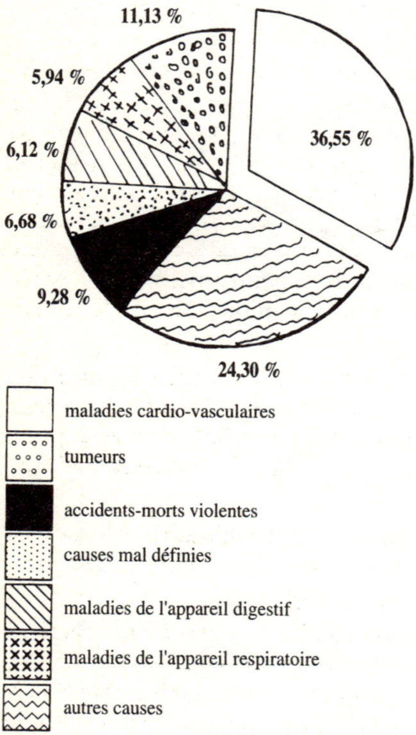

(Source INSERM) 1984

Les maladies coronariennes tuent annuellement en France : 50 000 personnes

Compte tenu du nombre annuel de diagnostics, on peut estimer le nombre de coronariens en France à : 3 millions

9 millions de français ont un taux de cholestérol trop élevé.

1 million de personnes sont traitées.

Les frais de soins s'élèvent à :

↓

6,5 milliards.

Le coût social des maladies cardiovasculaires s'élève à :

↓

30,6 milliards.

Source INSERM

2 - Certaines atteintes cardio-vasculaires peuvent être une des causes de la perte de l'indépendance, de la liberté de mouvements, ou « perte de l'autonomie » chez la personne âgée.

***a** - Définir « l'autonomie » (3 points).*

***b** - À l'aide du cas présenté dans le document 2 ci-dessous.*

***c** - Retrouver et indiquer dix manifestations du vieillissement, causes de la perte d'autonomie temporaire de Madame P. (10 points).*

Document 2

Mme P. Marie-Louise âgée de 82 ans, institutrice retraitée, veuve depuis de nombreuses années, vivait heureuse chez l'une de ses filles. Jouissant d'une santé robuste, elle n'avait pratiquement jamais été malade et ne voyait le médecin qu'une fois l'an pour la vaccination antigrippale.

Passionnée d'art et de littérature, elle avait jusque-là partagé son temps entre la visite des musées et la lecture des auteurs classiques qu'elle ne se lassait pas d'admirer. Acharnée de l'émission « des Chiffres et des Lettres », elle donnait de véritables « leçons » à sa fille et à ses petits-enfants.

Et pourtant quelques grains de sable vinrent insidieusement gripper cette « mécanique » qui semblait ne jamais devoir s'arrêter : un jour de visite au musée du Louvre, Mme P. fut tout à coup incapable de se souvenir de la iigne d'autobus à emprunter pour regagner son domicile. Paniquée, après avoir erré dans Paris, elle finit par donner son adresse à un chauffeur de taxi qui la ramena à bon port. Cet épisode alerta sa fille qui la fit examiner par son médecin. Le bilan était normal ; toutefois un interrogatoire minutieux permit de retrouver un épisode identique mais moins durable dans les mois précédents et surtout de petits oublis (perte de clefs, non-paiement d'une facture…).

L'évolution devait malheureusement confirmer les craintes du médecin. En effet, peu à peu Mme P. trouva moins d'intérêt à la lecture, aux jeux télévisés. Elle n'osa plus sortir seule, se replia sur elle-même, négligeant même sa toilette, sa coiffure, elle qui avait toujours été si coquette ! Elle commença même à faire quelques chutes…

Le médecin, à nouveau consulté, posa le diagnostic d'anxiété liée au vieillissement et de démence sénile débutante, et prescrivit des tranquillisants… ce qui eut pour effet d'aggraver les signes.

Le psychiatre appelé en renfort ajouta aux tranquillisants un neuroleptique léger… et la malade fut incapable de sortir de son lit sans tomber, étant toujours aussi confuse. Elle présenta une raideur des membres interdisant toute déambulation ; s'alimentant de plus en plus difficilement, elle maigrit et fit de la fièvre… ce qui motiva une hospitalisation en urgence en court de séjour gériatrique.

L'arrêt des neuroleptiques et tranquillisants, une bonne réhydratation améliorèrent déjà la situation ; le bilan mit en évidence une hypothyroïdie et une dépression franche. La mise en route d'un traitement approprié, une kinésithérapie régulière permirent de voir disparaître peu à peu tous ces signes, et Mme P., un mois après, regagna le domicile de sa fille… les chiffres et les lettres la passionnent de nouveau et les expositions de peinture n'ont pas de secrets pour elle !

Source : Revue MGEN

d - Citer le premier signe annonciateur du changement du comportement de Madame P. Expliquer la cause biologique de ce problème (4 points).

3 - Comme l'enfance, l'adolescence, ou toute autre période de la vie, la vieillesse s'aménage tant bien que mal. Cet âge peut se préparer afin de mieux l'assumer.

À l'aide d'exemples, indiquer cinq conseils que vous pourriez donner à une personne, au seuil de la retraite, afin d'éviter une rupture et ainsi rester autonome le plus longtemps possible (10 points).

4 - Si on a partiellement ou totalement perdu son autonomie, il faut alors envisager d'entrer dans « des structures de soins » du secteur hospitalier pour personnes âgées. Compléter le tableau ci-dessous (9 points).

Structures de soins	Objectifs de la structure
Service de « médecine » aiguë gériatrique ou « gériatrie »	
Hôpital de jour	
Service de long séjour	

Corrigé

Alimentation - Nutrition

1 - Aliments riches en lipides.

a - Origine animale.

Les aliments d'origine animale.

1) La chair musculaire et certains organes (foie, reins, cerveau, thymus, intestin) des animaux d'élevage, de la volaille, du gibier, des poissons, de certains crustacés et mollusques contiennent une proportion de lipides variable suivant leur origine.

2) Le lait (aliment exclusif des nouveaux-nés des mammifères) est un aliment complet dont la composition, variable suivant l'espèce, est parfaitement adapté aux besoins du nourrisson. Il contient une part importante de lipides. Il en est de même pour ses dérivés : fromage et surtout le beurre.

3) Les œufs : (jaunes d'œuf) sont riches en lipides.
On pouvait donc citer ici : le beurre, le jaune d'œuf, les viandes.

b - Origine végétale

Les aliments d'origine végétale sont surtout une source importante de glucide. D'autre part, dans les végétaux, les matériaux nutritifs ne sont pas, comme dans les aliments animaux, directement accessibles à l'action des sucs digestifs, mais enfermés, au contraire, dans des enveloppes de cellulose, qui ne se laissent entamer que difficilement (importance de la cuisson). Quelques aliments contenant une part importante de lipides : le soja, les champignons de couche, les fruits secs et huileux (amandes douces, noix, noisettes, cacao).

2 - Rôle des lipides dans l'organisme.

Les lipides constituent une source importante d'énergie : 1 g de lipides ingéré fournit à l'organisme 37 kilojoules.

Les lipides entrent dans la composition des membranes cellulaires, ils jouent donc un rôle plastique puisqu'ils constituent un matériau pour l'édifice cellulaire.

Les lipides des corps gras sont constitués en majeure partie d'acides gras. Ces corps gras contiennent des vitamines liposolubles (vitamines A, E).

Les corps gras apportent à l'organisme des acides gras essentiels (acide linoléique, acide linolénique) que l'organisme ne peut pas synthétiser (produire).

3 - Rôle des vitamines présentent dans le beurre.

Les vitamines sont des corps de constitution très différentes, possédant comme caractères physiologiques communs d'être indispensables au fonctionnement normal de l'organisme et de ne pas pouvoir être synthétisées par lui même.

Vitamine A (axérophtol), carotènes (provitamine A), vitamine D (cholécalciférol) sont des vitamines liposolubles présentent dans le beurre.

La vitamine D ou cholécalciférol que l'on trouve aussi dans le lait entier, le beurre et les fromages joue un rôle important dans la formation du tissu osseux et dans la fixation du calcium (ce dernier est l'élément minéral nécessaire à l'entretien du tissu osseux).

La vitamine A joue un rôle important dans les mécanismes de la vision aux faibles intensités (vision crépusculaire). Un apport suffisant en vitamine A est indispensable au maintien de l'intégrité des épithéliums. Cependant une notion s'impose : celle d'équilibre vitaminique. On ne peut considérer toute vitamine comme agissant seule, indépendamment les unes des autres ; il existe entre différents facteurs des synergies et des antagonismes. L'exemple le plus caractéristique est celui de la carence en vitamines A et D. La carence en vitamine A agit dans le même sens que celui de l'excès de vitamine D, et réciproquement, l'hypovitaminose D a une action analogue à celle de l'hypervitaminose A.

4 - Consommation excessive de beurre, dans le cas de Monsieur B.

Le beurre est un corps gras qui contient surtout des acides gras saturés. Consommés en excès il favorise l'augmentation du cholestérol et par conséquent le risque de maladie cardio-vasculaire d'autant que Monsieur B. est déjà fragilisé par des ennuis de santé.

5 - Les corps gras.

a - Relier les aliments donnés avec le type d'acides gras qu'ils renferment :

– le beurre : renferme 62 % d'acides gras saturés et 38 % d'insaturés,
– l'huile d'olive : renferme 15 % d'acides gras saturés et 85 % d'insaturés
– le saindoux : renferme 40 % d'acides gras saturés et 60 % d'insaturés
la crème :
– l'huile d'arachide : renferme 20 % d'acides gras saturés et 76 % d'insaturés
– margarine au tournesol : 60 % d'acides gras saturés et 40 % d'insaturés.

b **-** Les corps gras sont des produits alimentaires riches en lipides. Les corps gras d'origine animale comme le beurre et le saindoux contiennent des acides gras saturés, les corps gras d'origine végétale (huiles végétales) sont riches en acides gras insaturés.

Technologie

1 - Mode de service des repas en collectivités.

a **-** Le tableau qui est présenté indique les différents modes de distribution des repas : liaison chaude et liaison froide.

	LIAISON FROIDE		LIAISON CHAUDE
	Liaison réfrigérée	Liaison surgelée	
T° de fin de cuisson	≥ 65 °C	≥ 65 °C	≥ 65 °C
Refroidissement rapide par :	cellule de refroisissement rapide	cellule de surgélation rapide	Transport dans : conteneurs isotherme
T° < à	+ 3 °C	– 18 °C	à 65 °C
En moins de :	2 h		
Stockage à :	+ 3 °C	– 18 °C	
Pendant :	5 j. maxi	6 mois maxi	
Remontée en T° ≥ 65 °C		Décongélation et remontée en T° à 65 °C	
Par appareil et réchauffement rapide			
En moins de :	1 h	1 h	
	SERVICE à 65 °C	SERVICE à 65 °C	SERVICE à 65 °C
		CONSOMMATION	

b - Avantages de la liaison froide : conservation vite disponible. Inconvénient de la liaison froide : obligation de respecter le temps de conservation. Respect des temps de refroidissement et de remise en température.

2 - Appareil de remise en température des aliments.

a - Le schéma présenté est un four à micro-ondes.

b - Un générateur d'onde (1) appelé encore magnétrons reçoit un courant électrique de très haute tension (2 000 à 2 500 volts) qu'il transforme en ondes électromagnétiques. Ces ondes guidées dans un tube métallique sont réparties dans l'enceinte du four par une hélice (2) en mouvement. L'enceinte est composée de paroi métallique imperméable aux ondes qui sont donc réfléchies afin d'éviter toute perte d'énergie et d'un plateau tournant (3).

Les aliments sont soumis à ces ondes électromagnétiques qui ont la propriété de mettre en mouvement les molécules d'eau qu'ils contiennent. Les aliments sont ainsi soumis à un champ magnétique et les molécules d'eau vibrent à la fréquence du courant électromagnétique. Il en résulte un échauffement rapide de l'aliment ou l'énergie électromagnétique est transformée en énergie thermique dans la masse entière.

c - Trois avantages de l'utilisation du four à micro-ondes :
– facilité d'utilisation
– cuisson rapide
– décongélation rapide.

Biologie

1 - Les principales maladies cardio-vasculaires sont les conséquences de lésions qui se développent insidieusement dans la paroi des artères.

a - Schéma.

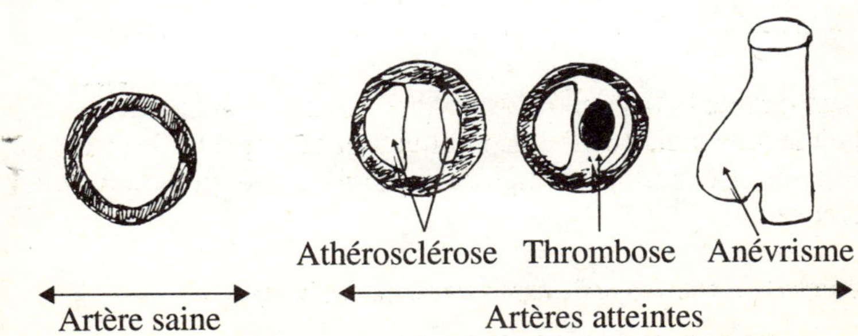

b - Causes.

De l'athérosclérose : fréquentes chez l'homme et les personnes âgées. Les causes les plus évoquées sont l'alcoolisme, la sédentarité et tous les facteurs prédisposants (obésité, diabète, hérédité), le tabagisme.

De la thrombose : elle peut faire suite à un traumatisme ou être la conséquence d'athérosclérose, d'un anévrisme, d'une phlébite, d'une infection.

De l'anévrisme : ce peut être suite à une plaie de l'artère après un accident, suite à certaines maladies et souvent à l'artériosclérose. Il peut arriver que des anévrismes, soient d'origine congénital.

c - Définitions de :

Athérosclérose : lésion des artères caractérisée par l'épaississement des parois qui deviennent dures. Il se forme un dépôt ou des plaques d'athérome qui se généralisent à tout l'arbre artériel jusqu'à l'oblitération des artères.

Thrombose : formation de caillot dans les vaisseaux suite à une lésion de la paroi interne de l'artère.

Anévrisme artériel : poche formée par les parois altérées de l'artère dont la cavité, pleine de sang, communique avec la lumière (l'intérieur) du vaisseau.

d - Conséquence de l'athérosclérose au niveau.
Du cerveau : perte de mémoire, ramollissement cérébral.
Du cœur : palpitations, asystolie, angine de poitrine.
Des artères des membres inférieurs : artérite, gangrène.

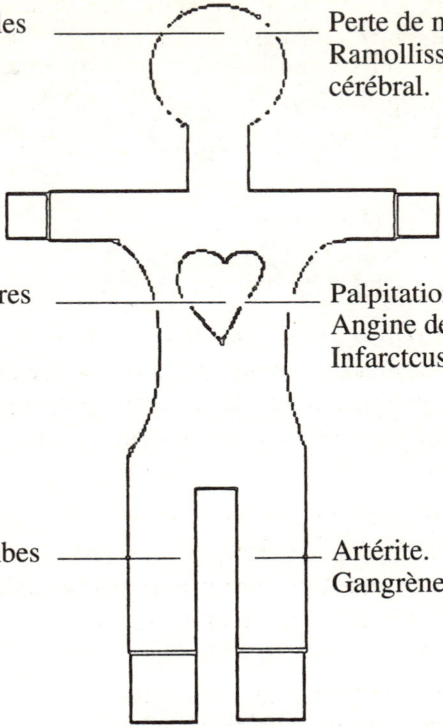

2 - Schéma du cœur.

3 - Cas de Monsieur B.

a - Le médecin peut reconnaître les signes d'angine de poitrine voire d'un infarctus du myocarde.

b - La question est relative à l'infarctus du myocarde qui correspond à l'oblitération (thrombose) d'une artère coronaire (souvent la gauche). L'artère coronaire est l'artère du muscle du cœur (le myocarde).

Microbiologie

1 - Pendant un séjour à l'hôpital des micro-organismes peuvent pénétrer à l'intérieur de l'organisme.

Des trois grandes voies de pénétration des micro-organismes (peau, muqueuse et nerfs) un séjour en milieu hospitalier peut favoriser l'infection.

On peut en citer quatre :
– au niveau de la peau : par la plaie cicatricielle, pose de perfusion.
– au niveau des muqueuses : l'intestin (par la pose de thermomètre, de sonde, de canule…)
  poumon : la personne hospitalisée déjà fébrile et les germes plus virulents
  appareil urinaire et génital : sonde.

Certains malades apportent leur germes de l'extérieur, le personnel soignant peuvent transmettre ces germes.

2 - L'infection nosocomiale est une maladie provoquée par des micro-organismes, contractée dans un établissement de soins par tout patient après son admission soit pour hospitalisation, soit pour y recevoir des soins ambulatoires. Ses symptômes apparaissent lors du séjour à l'hôpital ou après. L'infection est reconnaissable au plan clinique et microbiologique, données sérologiques comprises. Il peut s'agir d'infections localisées (urinaires, cicatricielles, pulmonaires cutanées…) ou généralisées (septicémie).

3 - Protocole de lavage hygiénique des mains.

PROTOCOLE DE LAVAGE HYGIÉNIQUE DES MAINS

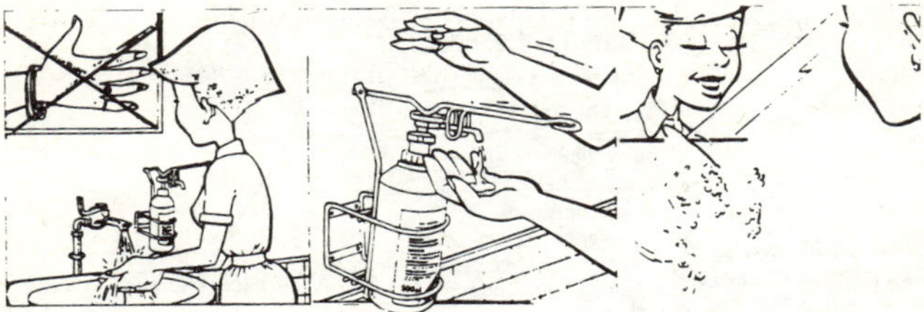

1 - Les bagues, bracelets sont enlevés.
Le robinet est à commande au genou ou au coude.
Faire couler l'eau.

2 - Le distributeur de savon est à commande au coude.
Prendre du savon.

3 - Mouiller, savonner les avant-bras, les poignets et les mains.
Faire mousser, frotter à plusieurs reprises toute la surface de la peau, en insistant sur les espaces interdigitaux.

4 - Rincer, mains pendantes, pour que le liquide ne s'écoule pas sur les bras.
Brosser les ongles énergiquement à l'aide d'une brosse.

5 - Assécher avec du jetable

6 - Fermer le robinet, si celui-ci est manuel, en prenant soin de ne pas le toucher avec la main.

Le lavage des mains du personnel soignant est un acte fondamental.
Il se pratique avant et après un soin, ou une tâche (réfection d'un lit, service de repas,...). Il participe à la lutte contre les infections nosocomicales.

b - L'entretien méticuleux du matériel est également une façon de lutter contre les infections nosocomiales.

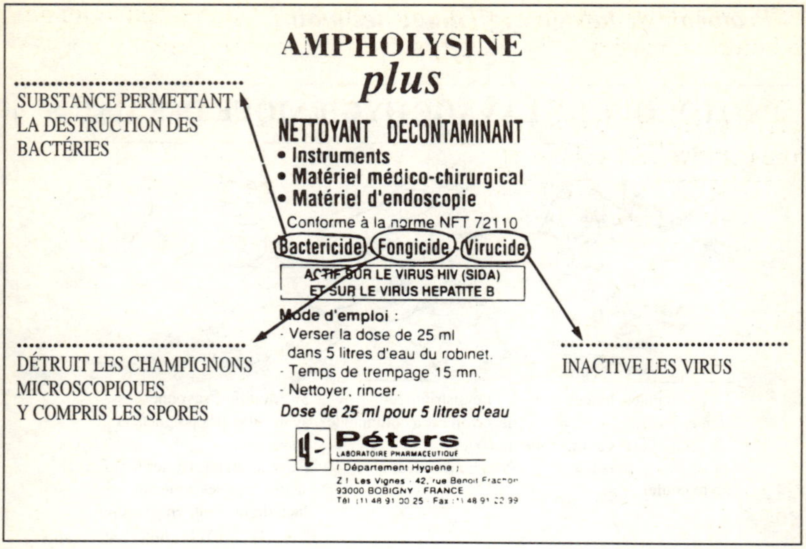
AMPHOLYSINE
plus
NETTOYANT DECONTAMINANT
• Instruments
• Matériel médico-chirurgical
• Matériel d'endoscopie
Conforme à la norme NFT 72110
Bactericide
Fongicide
Virucide
ACTIF SUR LE VIRUS HIV (SIDA)
ET SUR LE VIRUS HEPATITE B
Mode d'emploi :
- Verser la dose de 25 ml
dans 5 litres d'eau du robinet.
- Temps de trempage 15 mn.
- Nettoyer, rincer.
Dose de 25 ml pour 5 litres d'eau
Péters
LABORATOIRE PHARMACEUTIQUE
(Département Hygiène)
93000 BOBIGNY FRANCE
SUBSTANCE PERMETTANT LA DESTRUCTION DES BACTÉRIES
DÉTRUIT LES CHAMPIGNONS MICROSCOPIQUES Y COMPRIS LES SPORES
INACTIVE LES VIRUS

c **-** L'observation des résultats d'expériences de cultures bactériennes en boîtes de pétri dont la gélose est à différents pH permet :

pH de la gélose nutritive	Observation des cultures
2,8	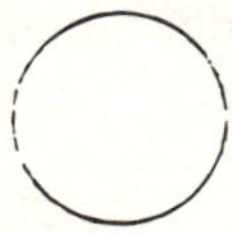
4,4	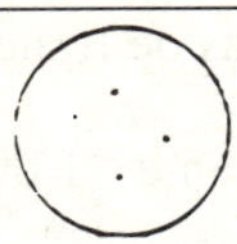
5,2	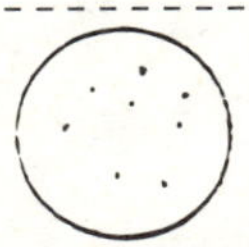
6,0	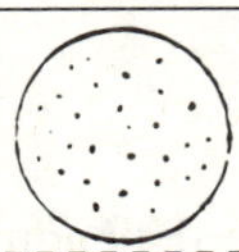
7,6	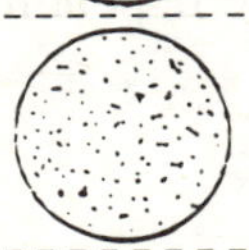
8,4	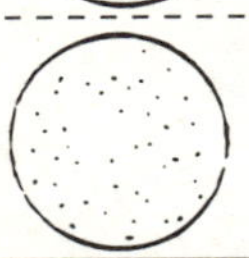
9,2	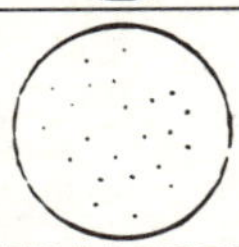
10,0	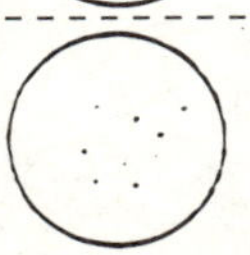

Propositions	**Vrai**	**Faux**
1 – Un milieu neutre ne favorise pas la multiplication des bactéries.		X
2 – Un milieu très acide empêche toute multiplication des bactéries.	X	
3 – La multiplication des bactéries est intense dans un milieu modérément acide.		X
4 – En milieu basique, seules quelques bactéries se multiplient.	X	

Sciences Médico-Sociales

1 - Les maladies cardio-vasculaires.

a - Analyse du document.

Les maladies cardio-vasculaires, 1re cause de mortalité en France, sont considérées comme des maladies à incidence sociale puisqu'elles ont une incidence sur :
– la vie sociale (emploi,…),
– le coût social élevé des soins (30,6 milliards de francs),
– lourde mortalité 50 000 décès par an,
– une morbidité (fréquence des cas) importante : 1 000 000 de cas traités.

b - Surveillance médicale régulière.
– Bonne hygiène de vie (tabac, alcool),
– bonne hygiène alimentaire,
– pratique sportive sans excès.

2 - L'autonomie.

a - Définition : l'autonomie est le fait de ne dépendre de personne dans les actes de la vie quotidienne.

b - Étude de cas.

c - Dix manifestations du vieillissement :
– perte de mémoire
– perte de l'attention
– repli sur soi-même
– perte de la confiance en soi
– manque de goût
– perte de la coquetterie
– chutes
– anxiété
– début de démence sénile
– raideurs des membres
– alimentation difficile…

d - Le premier signe du changement du comportement de Madame P. est le trouble de la mémoire pour des faits qui se sont produits il y a peu de temps. Il est le résultat du vieillissement cellulaire et notamment des cellules nerveuses (neurones) qui ne se renouvellement pas. Les neurones disparaissent. Ce peut être une maladie dégénérative aboutissant à la démence sénile. Cependant le mécanisme de cette perte de mémoire demeure encore inconnu, car la mémoire des faits anciens demeure bien conservée.

3 - Cinq conseils à donner pour préparer la retraite.

La retraite survient de plus en plus tôt alors que se prolonge l'espérance de vie ; la retraite est le début d'une nouvelle vie qui durera sans doute autant de temps que la vie professionnelle. Les conseils à donner à une personne qui prend sa retraite doivent être positifs.

Exemples :
Continuer à établir des liens et en créer de nouveau avec la société : prendre des responsabilités, cultiver un passe-temps, prévoir des distractions et activités culturelles, sportives. Participer à des clubs ou associations (sorties, excursions, voyages…), participer à la garde et à l'aide à l'éducation des petits-enfants… Garder une activité sociale dans tous les sens du terme.

4 - Si la personne âgée a partiellement ou totalement perdu son autonomie, il faut alors envisager d'entrer dans « des structures de soins » du secteur hospitalier pour personnes âgées.

Structures de soins	**Objectifs de la structure**
Service de « médecine » aiguë gériatrique ou « gériatrie »	Dispense, pour une durée limitée des soins aux personnes âgées. Ce sont des structures médicalisées.
Hôpital de jour	Permet aux personnes âgées de venir à l'hôpital sans y passer la nuit. Elle retournent à leur domiciles ou dans leur famille. Elle peuvent y venir suivre un traitement spécifique, impossible à assurer à domicile.
Service de long séjour	Les personnes âgées ont perdu totalement leur autonomie. Elles ne peuvent plus rester chez elles. Toutes les autres structures ne peuvent plus les accueillir. C'est leur dernier domicile.

Coefficient : 8 - Durée : 4 h

Sujet 3

Biologie humaine - Microbiologie *(50 points)*

Travail à faire

1 - Appareil circulatoire et circulation.

***a** - Complétez le schéma de la circulation (annexe 1).*

Indiquez par des flèches le sens de la circulation.

***b** - On estime qu'en France, près de 10 millions de personnes sont atteintes d'hypertension artérielle.*

Citez quatre signes révélateurs de l'hypertension.

***c** - Définissez ce qu'est la tension artérielle.*

***d** - Annalysez ce document.*

La tension s'exprime toujours avec deux nombres : la tension maximale et la tension minimale. C'est la connaissance de ces deux nombres qui est significative de l'état de santé.

Les résultats

	maximale	minimale
bébé	7	4
adulte	13-14	7-8
vieillard	15-16	8-9

- Que signifient les 2 nombres figurant dans chacune des colonnes ?

- Quelle conclusion tirez-vous des résultats ?

e - Citez 4 causes ou facteurs favorisant l'hypertension.

f - Énoncez 4 moyens de prévention des maladies cardio-vasculaires.

2 - Les produits biologiques, par exemple le sang, ont été récemment à l'origine de la contamination des malades.

La prévention des biocontaminations hospitalières doit être un souci permanent puisque les infections nosocomiales sont aussi meurtrières que les accidents de la route (26 points).

Définir infection nosocomiale.

a - Ces infections sont souvent dues à des agents infectieux opportunistes.

b - Que sont les microorganismes opportunistes ?

c - Pour quelles raisons la personne hospitalisée est-elle plus sensible à ces microorganismes ?

d - La principale source de contamination est la main, normalement habitée par la flore résidente et la flore transitoire.

e - Définir ces 2 flores, donner 2 de leurs caractéristiques et au moins 2 microorganismes appartenant à chacune d'elles.

f - Seul, le lavage des mains peut réduire considérablement ces infections.

Expliquer les différences entre lavage hygiénique et lavage antiseptique et les circonstances d'utilisation de l'un et de l'autre.

Annexe 1

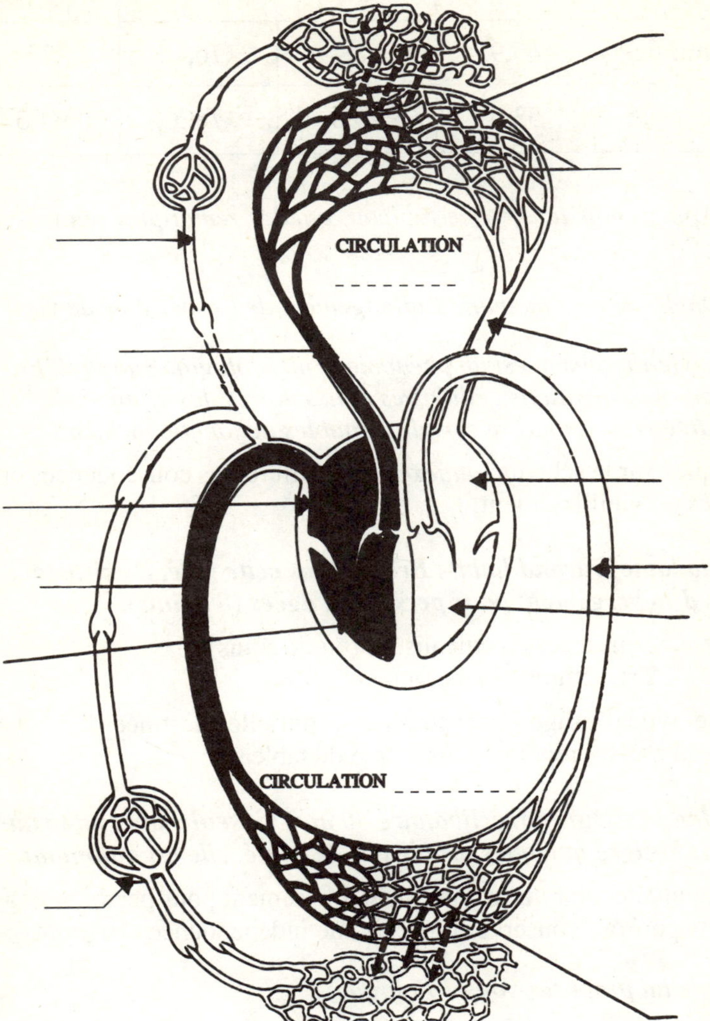

Sciences Médico-Sociales *(50 points)*

1 - Les personnes âgées sont en nombre important dans nos sociétés européennes. Ceci grâce à l'allongement de l'espérance de vie (21 points).

Années	1920	1970	1980	1990
Hommes	49,9	68,4	70,4	73
Femmes	53,6	75,8	78,5	81,3

***a** - Après avoir analysé le tableau, quelles remarques pouvez-vous faire ?*

***b** - Quels sont les facteurs d'allongement de l'espérance de vie ?*

***c** - Le vieillissement est un phénomène physiologique naturel. En raison des modifications cellulaires et tissulaires, les organes de l'individu âgé vont connaître certains troubles de fonctionnement.*

Indiquez sur le schéma *(annexe 2)* les différentes conséquences organiques du vieillissement.

2 - *Madame Durand habite Brest. Dans cette ville, il existe tous les types d'hébergement pour personnes âgées (8 points).*

Citez – 2 structures médicalisées (ou de soins)
– 2 structures d'hébergement.

À quel type d'usagers, ces structures sont-elles destinées ?
Présentez votre réponse sous forme de tableau.

3 - *Madame Durand, célibataire 80 ans, vit seule dans une maison isolée. Malgré quelques problèmes de santé, elle est autonome.*

Elle souhaite aller vivre dans un établissement pour personnes âgées où elle pourrait conserver une certaine indépendance (16 points).

***a** - Que lui proposez-vous ? Pourquoi ?*

***b** - Ses revenus sont insuffisants pour couvrir l'ensemble des frais d'hébergement.*

Quelles aides peut-elle obtenir ?
Auprès de quels organismes ?

***c** - La liste d'attente étant très longue pour chaque établissement, elle fait appel avant son admission aux services d'aide à domicile.*

Citez 2 services qui peuvent répondre à ses besoins.

4 - Définissez la perte d'autonomie chez la personne âgée (5 points).

Citez 3 facteurs risquant d'entraîner une diminution ou une perte d'autonomie.

Donnez un exemple dans chaque cas.

Annexe 2

Conséquences organiques du vieillissement

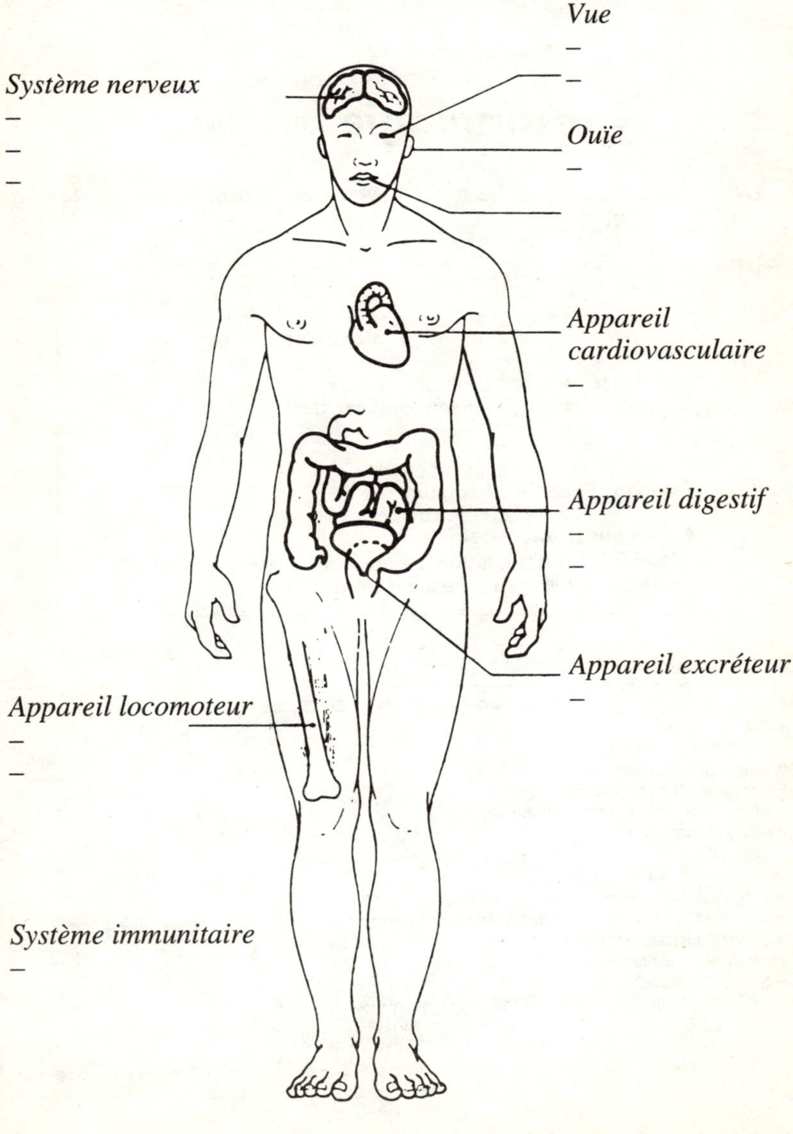

Nutrition

1 - Les produits laitiers sont nos amis tout au long de notre vie.

Commentez cette affirmation, en vous appuyant sur la valeur alimentaire des produits laitiers, les besoins journaliers des différentes personnes et les conséquences de leur insuffisance (10 points).

Technologie *(30 points)*

1 - Observez les 2 étiquettes ci-dessous, puis indiquez le rôle de chacun des produits.

Justifiez votre réponse (8 points).

Sporicidine

– Bactéricide - Virulicide - Tuberculicide
– Sporicide - Fongicide - Pseudomonacide

COMPOSITION

Complexe phénate - glutaraldéhyde
– **Tampon** : Phénate de sodium
Tétraborate de sodium
– **Activateur** : Glutaraldéhyde

La SPORICIDINE à la dilution d'emploi ne contient que 0.13 % de glutaraldéhyde stabilisée à pH basique (7.9).

Lysoformine 5.5.5.

COMPOSITION

– Mono et dialdéhydes
– Ammonium quaternaire
– Tensio-actifs non ioniques
– Anticorrosif + excipient parfumé

CARACTÉRISTIQUES

– Liquide transparent, légèrement jaune, parfumé
– pH voisin de 7 à la dilution d'emploi
– Biodégradabilité 90 %; DL 50 · 3.65 ml/kg
– Conservation supérieure à 5 ans à température ambiante dans son conditionnement d'origine

ACTIVITÉ ANTIMICROBIENNE

Testée selon les normes AFNOR
– NFT 72-151 : bactéricidie
– NFT 72-171 : bactéricidie en présence de matières interférentes
– NFT 72-190 : activité antimicrobienne sur les surfaces
– NFT 72-201 : fongicidie

LYSOFORMINE 5.5.5. est un désinfectant agréé par la Société Française d'Hygiène Hospitalière.

2 - *Définir les termes (8 points).*

– fongicide :
– sporicide :
– virucide :
– bactéricide :

3 - Dans une maison de retraite, deux A.S.H. qui assurent l'entretien des chambres commettent des erreurs au cours de certaines activités.

Observez les 2 schémas ci-dessous puis, indiquez et justifiez une erreur commise dans chacune de ces activités (6 points).

activité 1

activité 2

4 - Sur certaines étiquettes de produits d'entretien le pH est indiqué.

a - *Quel est l'intérêt de cette information (3,5 points) ?*

b - *Donnez un exemple d'utilisation pour un produit d'entretien ayant :*

– un pH = 1
– un pH = 7
– un pH = 14.

5 - Vous êtes A.S.H. dans une maison de retraite (4,5 points).

***a** - Nommez une activité où vous utiliseriez de la sporicidine.*

***b** - Indiquez le protocole d'utilisation de la sporicidine dans l'activité choisie.*

Corrigé

Biologie humaine - Microbiologie

1 - Appareil circulatoire et circulation.

a - Schéma.

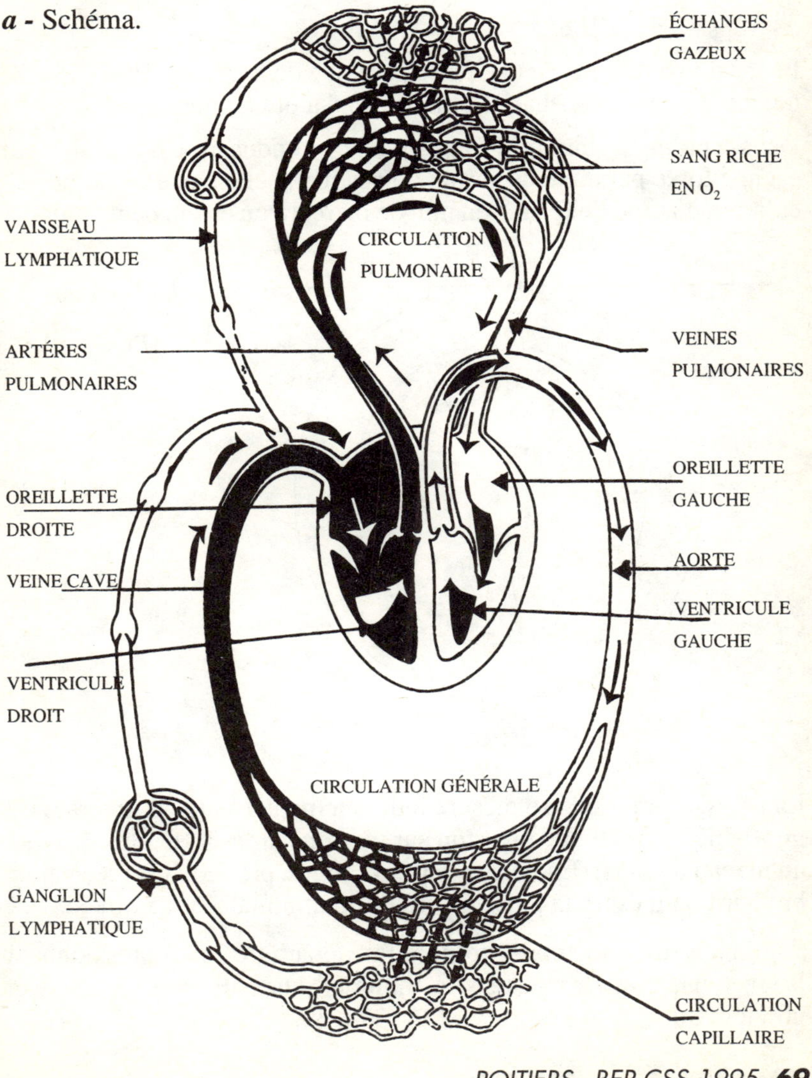

b **-** L'hypertension artérielle.

Des signes peuvent être révélateurs de l'hypertension artérielle comme :
– accélération du pouls
– céphalée (maux de tête)
– vertiges
– bourdonnement d'oreille
– crampes
– fatigue
– angoisse…

c **-** Tension artérielle.

La tension artérielle est une force par unité de longueur. Elle s'exerce tangentiellement en chaque point et tend à ouvrir l'artère.

Dans la pratique clinique, la tension est confondue avec la pression qui est une force par unité de surface sur laquelle elle s'exerce perpendiculairement. On l'exprime en mm de mercure ou en cm de mercure.

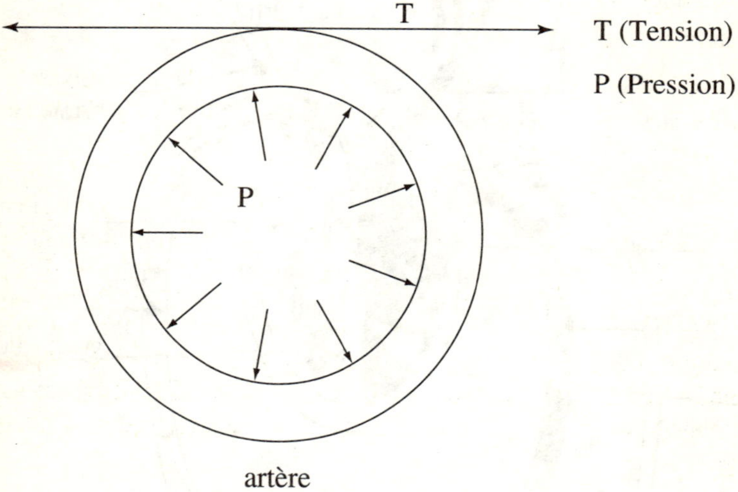

La pression artérielle se mesure indirectement à l'aide d'un brassard gonflable assurant une pression sur un tronc artériel (le plus souvent au niveau du bras). En faisant varier la contre pression exercée par ce brassard on mesure la pression artérielle minimale et maximale.

d **-** L'analyse du document proposé fait apparaître 2 nombres donnant la tension maximale et la tension minimale chez un bébé, un adulte et un vieillard.

Ex : pour un adulte, la tension artérielle maximale moyenne est de 13 cm de mercure à 14 cm de mercure.

La tension minimale est de 7 cm à 8 cm de mercure.

L'examen du tableau montre que la tension augmente avec l'âge. Les artères des personnes âgées supportent des tensions plus élevées que chez une personne jeune.

e **-** Causes favorisant l'hypertension :

– l'obésité
– l'alcool
– les excès alimentaires (viandes, corps gras saturés)
– certaines maladies infectieuses.

Des facteurs héréditaires peuvent être en cause également.

f **-** Les moyens de prévention des maladies cardio-vasculaires sont :
– une surveillance médicale régulière
– une bonne hygiène de vie (éviter tabac, alcool…)
– une alimentation équilibrée
– une pratique sportive sans excès.

2 - Les produits biologiques comme le sang sont à l'origine de la contamination de certaines maladies.

a **-** Définition de l'infection nosocomiale.

C'est une maladie provoquée par des micro-organismes, contractée dans un établissement de soins par tout patient après son admission soit pour hospitalisation, soit pour y recevoir des soins ambulatoires. Les symptômes apparaissent lors du séjour à l'hôpital ou après. L'infection est reconnaissable au plan clinique et microbiologique, données sérologiques comprises. Il peut s'agir d'infections localisées (urinaires, circulatoires, pulmonaires cutanées…) ou généralisées (septicémie).

b **-** L'infection nosocomiale est un problème préoccupant.

Les actes médicaux, chirurgicaux, réalisés sur les malades (exploration très technique, pose de sondes, cathéters, cannules…) sont des portes d'entrée des germes susceptibles de provoquer des infections.

Ces germes comme les staphylocoques, le psyocyamiques, les klebsielles… sont responsables d'infections variées suivant leur porte d'entrée (infection cutanée, urinaire, septicémie…). On les appelle microorganismes opportunistes.

c - La principale source de contamination est la main normalement habitée par la flore résidente et la flore transitoire.

Flore résidente : la flore abrite en permanence des microorganismes (staphylocoques, streptocoques...).

Flore transitoire : à côté de la flore résidente, difficile à éliminer. Il existe une flore transitoire souvent « opportuniste », plus pathogène (pseudomonas, entérobactéries...).

Le lavage des mains peut réduire les infections nosocomiales. Le lavage des mains se pratique :
– avant et après la réfection d'un lit
– avant et après le service des repas
– avant et après l'exécution d'un soin.

Le lavage antiseptique permet de supprimer les germes pathogènes qui peuvent se trouver sur le plan. En plus du lavage hygiénique (et brossage), les mains sont immergées dans une solution d'un produit désinfectant. C'est la méthode pratiquée pour les mains du chirurgien.

Sciences Médico-Sociales

1 - Les personnes âgées.

a - Analyse du tableau présenté.

L'examen du tableau permet de dresser le constat suivant.

L'espérance de vie augmente globalement, pour les femmes et les hommes, régulièrement.

L'espérance de vie des femmes est toujours supérieure à celle des hommes. En 1990 une femme peut espérer vivre 81,3 ans, alors que cette espérance de vie était de 78,5 ans 10 ans plus tôt (1980).

L'écart entre l'espérance de vie des hommes et des femmes, se creuse au fil des années, (environ 5 ans en 1920, 7 ans 1/2 en 1970,... plus de 8 ans en 1990).

b - L'espérance de vie est le nombre d'années qu'un individu peut espérer vivre à un âge donné. On peut dire qu'elle indique donc la durée de vie moyenne.

Les facteurs d'allongement de l'espérance de vie sont de trois ordres :
– les progrès de la recherche scientifique et médicale ;

– la mise en place d'une politique de la vieillesse, en terme de suivi médical, hébergement, maintient à domicile des personnes âgées…
– l'amélioration des conditions de vie, des conditions de travail.

En freinant la mortalité, en prévenant certaines pathologies, ces facteurs contribuent à l'allongement de l'espérance de vie.

c -

Conséquences organiques du vieillissement

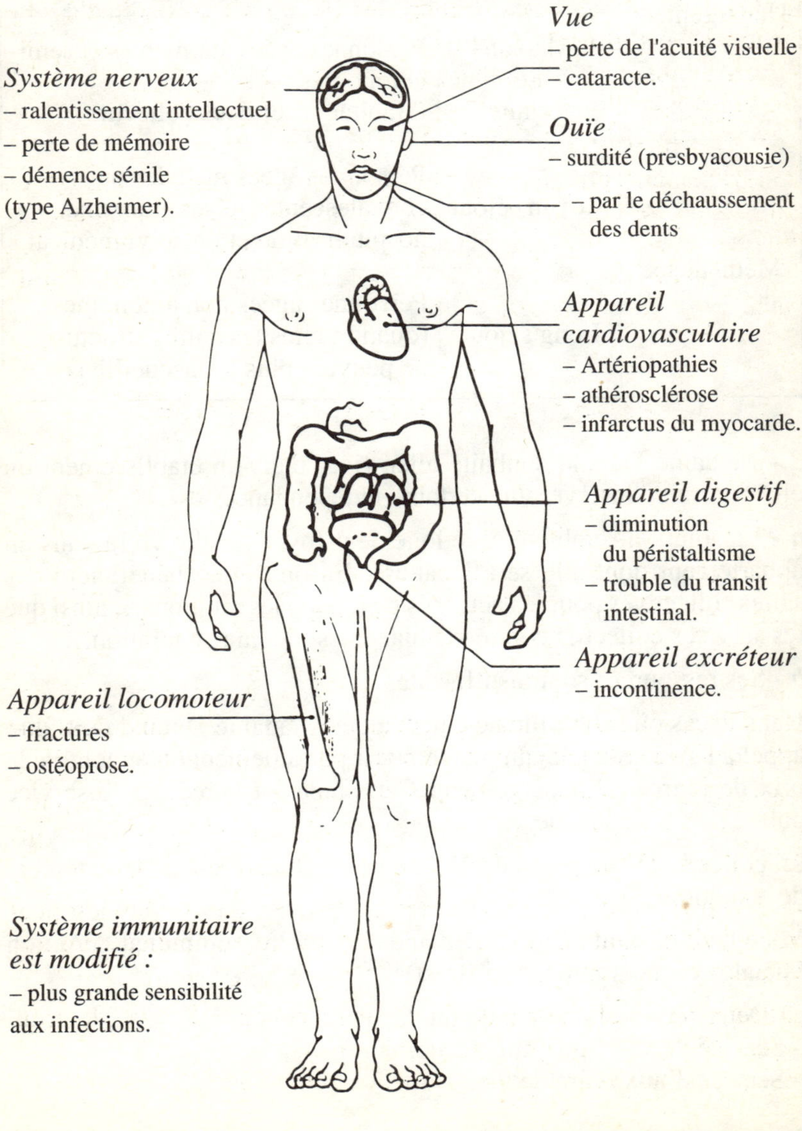

2 - Cas de Madame Durand…

Structures		Type d'usagers
Hébergement	logements foyers	Personnes âgées autonomes et personnes âgées dépendantes (Habitat privatif et salles communes pour activités, repas…)
	Maison de retraite	Personnes âgées autonomes et semi-autonomes. (Habitat et services collectifs)
Médicalisée	Moyen séjour	Personnes âgées malades ou convalescentes nécessitant une hospitalisation et un suivi médical.
	Long séjour	Personnes âgées non autonomes (quand toutes les autres structures ne peuvent plus les accueillir).

3 - Madame Durand souhaite aller vivre dans un établissement où elle pourrait conserver une certaine indépendance.

a - La solution semble être le logement-foyer où elle vivra dans un appartement dont elle sera locataire. En outre elle bénéficiera des salles collectives pour les activités de loisirs, les réunions… ainsi que les services collectifs comme la blanchisserie, la restauration…

b - Ses ressources sont insuffisantes.

Dans le cas où sa famille ne peut l'aider, Madame Durand doit faire appel à l'Aide Sociale qui peut couvrir partiellement ou en totalité le prix de journée d'hébergement. Cette aide est gérée par le service public de l'aide sociale.

La collectivité qui prend en charge Mme Durand est le département de son domicile.

Mme Durand doit faire sa demande au centre communal d'Action Sociale de sa commune (ici Brest).

c - Deux services d'aide à domicile :
– Service de soins infirmiers à domicile
– Service d'auxiliaire de vie.

4 - Perte d'autonomie.

La perte d'autonomie chez la personne âgée concerne ce qu'elle ne peut plus faire seule. L'aide d'une autre personne est nécessaire.

La perte d'autonomie peut affecter les activités mentales, sensorielles, locomotrices…

Les facteurs risquant d'entraîner une diminution ou une perte d'autonomie peuvent être :

– la perte de la mémoire des faits récents, rendant difficile les activités de repérage dans le temps (heure des repas, du coucher,…).
– perte de l'acuité visuelle ne permettant plus d'accomplir les actes de la vie quotidienne.
– handicap moteur, rendant difficile les déplacements aussi bien à l'extérieur qu'à l'intérieur de la maison.

Nutrition

1 - Les produits laitiers sont nos amis tout au long de notre vie.

La question vous précisait de vous appuyer sur la valeur alimentaire, sur les besoins journaliers des différentes personnes et sur les conséquences de leur insuffisance.

Il semblait nécessaire de rappeler ce qu'on entend par produits laitiers, c'est-à-dire :
– le lait
– les laits transformés (lait stérilisé, pasteurisé, concentré…)
– les laits modifiés (yaourts, les laits gélifiés…)
– les fromages.

Les apports essentiels des produits laitiers sont :
– le calcium
– les protéines animales
– la vitamine B_2
– les vitamines A et D.

Les produits laitiers ont donc un double intérêt nutritionnel lié aux apports de protéines et au calcium.

Il est courant de dire que les produits laitiers couvrent 60 à 70 % de l'apport recommandé en calcium.

ex : 250 g de lait → 300 mg de Ca
60 g de fromage → 300 mg de Ca
soit 600 mg de calcium.

Par leurs constituants, les produits laitiers favorisent la croissance chez le jeune enfant, et entretiennent le tissu osseux chez les personnes adultes.

Technologie

1 - Rôle des produits proposés.

Observation des étiquettes.

Sporicidine : ce produit contient du glutaraldéhyde et des phénols. C'est un bactéricide, virucide, tuberculicide sporicide, fongicide et pseudomonoacide.

Ce produit est donc un désinfectant qui a une action puissante puisque sporicide, utilisé dans le bionettoyage des locaux. Un nettoyage préalable doit être envisagé.

Lisoformine 555 : sa composition fait apparaître des tensio-actifs qui lui confèrent en plus un pouvoir détergent. Il s'utilise sans nettoyage préalable, c'est aussi un produit désinfectant utilisable dans le bionettoyage des locaux.

2 - Définitions.

Fongicide : produit ou procédé ayant la propriété de détruire les champignons y compris leurs spores.

Sporicide : produit ou procédé ayant la propriété de détériorer les spores bactériennes.

Virucide : produit ou procédé ayant la propriété d'inactiver les virus.

Bactéricide : produit ou procédé ayant la propriété de détruire les bactéries.

3 - Les deux schémas présentés font apparaître deux erreurs dans la manipulation des produits.

Activité 1 : un produit doit être utilisé dilué suivant les indications du fabricant.

Si la concentration est trop élevée, le rinçage sera plus long et surtout les risques de brûlures cutanées seront à craindre.

Si la concentration est trop faible, le produit sera sans doute inefficace et les résultats attendus ne seront pas atteints ; ce qui peut être grave en milieu hospitalier (v. infections nosocomiales).

Activité 2 : en plus d'une absence de dilution conforme, le mélange de deux produits peut induire des réactions chimiques dangereuses pour la santé de la manipulatrice.

4 **-** Le pH d'un produit d'entretient donne une indication sur sa nature acide (pH < 7), ou basique (pH > 7) et par conséquent quant aux supports sur lesquels ces produits seront utilisés.

5 **-** Le sporicidine pourra être utilisé par l'ASH lors du bionettoyage des sols des chambres des pensionnaires (le bionettoyage est une opération de nettoyage suivi d'une désinfection).

Coefficient : 8 - Durée : 3 h

Sujet 4

Biologie

Travail à faire

1 - Anatomie de l'appareil génital féminin (6 points).

Indiquer dans le tableau ci-dessous les noms correspondant au schéma.

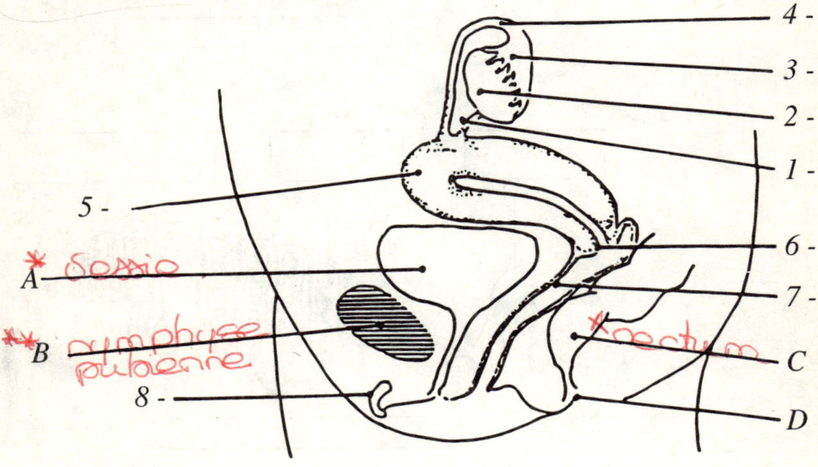

Fig. 5 : Appareil génital féminin, vue de profil.
Remarque : les lettres désignent les parties non génitales.

1	ligament.	7	vagin.
2	ovaires	8	clitoris
3	pavillon de la trompe	A	* utérus
4	trompes de fallope.	B	vessie **
5	muscle utérin.	C	côlon
6	col de l'utérus	D	anus.

2 - *Physiologie (19 points).*

***a** - Compléter les 3 schémas suivants.*

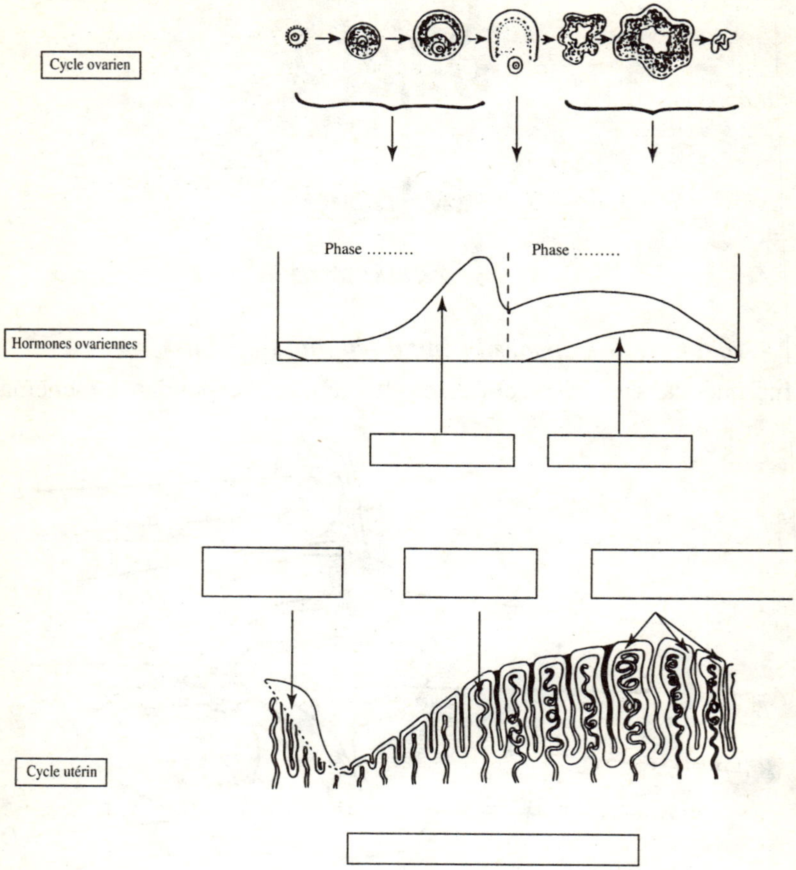

***b** - Pourquoi y a-t-il évolution de la muqueuse utérine ?*

***c** - Le fonctionnement des glandes génitales féminines est dépendant d'une glande endocrine essentielle.*

De quelle glande s'agit-il ?
Où est-elle située dans le corps humain ?
Définir une glande endocrine.
Citer 2 autres glandes endocrines.

***d** - Comment agit une pilule contraceptive ?*

3 - Immunologie (12 points).
Quels sont les éléments figurés du sang qui interviennent dans la défense de l'organisme ?

a *- En complétant le tableau, indiquer comment, ces éléments circulant dans le sang peuvent intervenir dans les mécanismes de la défense de l'organisme.*

Éléments cellulaires de défense de l'organisme	**Rôles spécifiques**

Sciences Médico-Sociales

Les premiers examens du nouveau-né.

À l'aide du document en annexe et de vos connaissances, répondre aux questions suivantes :

1 - Définir de façon précise, à l'aide d'une phrase correcte, les 5 termes soulignés dans le texte (5 points).

– fracture
– hypertrophie :
– extension :
– tactile :
– digitale.

2 - a - *Quelles sont les 4 vérifications effectuées à l'occasion de l'examen du thorax du nouveau-né (8 points) ?*

b - *Quelle est la maladie éventuellement dépistée à l'examen de la colonne vertébrale ?*

c - *Caractériser l'attitude du nouveau-né, provenant de sa position favorite dans l'utérus.*

d - *Expliquer l'expression : « nouveau-né hypertonique ».*

3 - Légender les 4 images évoquant les 4 réflexes particuliers du nouveau-né (4 points).

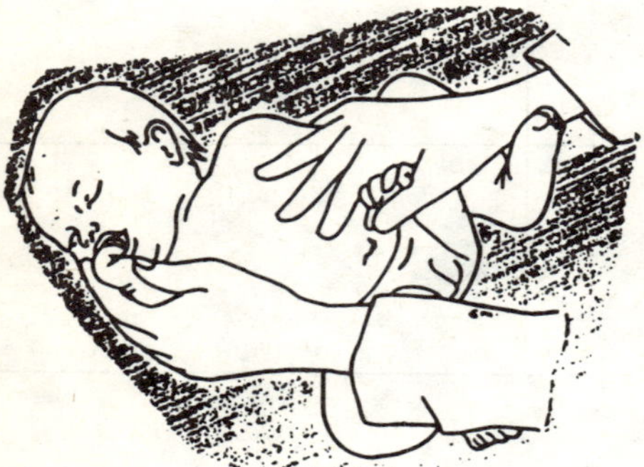

a) refl. de succion

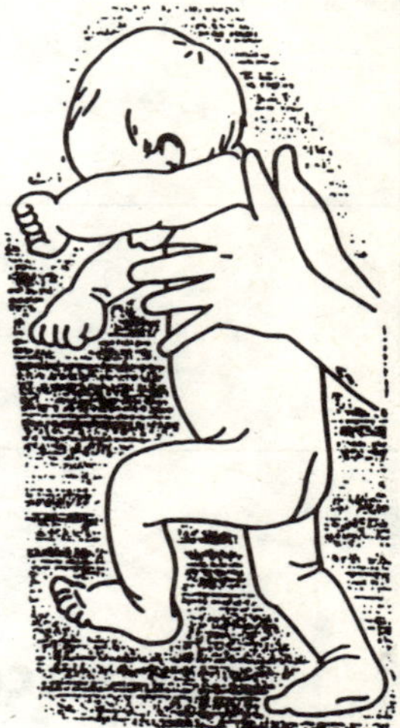

b) refl. de la marche automa

c) refl de Moro

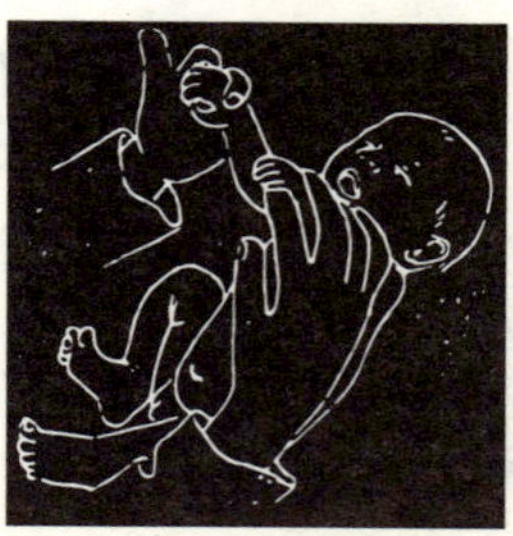

d) refl. de d'aggripement ou "grasping"

Technologie

Le four à micro-ondes.

1 - Compléter le schéma avec les éléments suivants (3 points).

Répartiteur d'ondes – plateau – magnétron

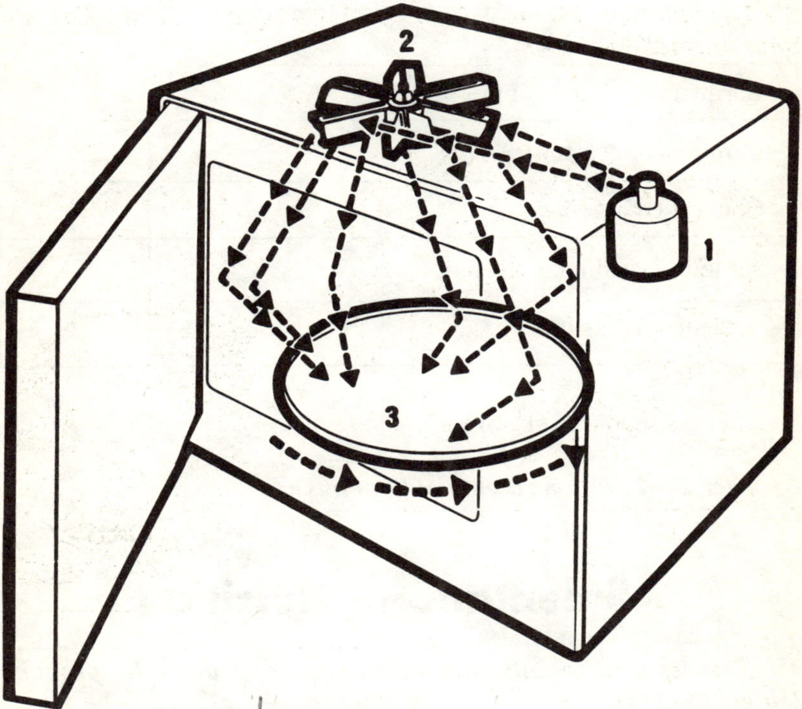

1. magnetron
2. repartiteur d'ondes
3. plateau

2 - Expliquer le fonctionnement d'un four à micro-ondes (2 points).

3 - Donner les fonctions d'un four à micro-ondes.

4 - Citer 3 avantages de ce type de four.

5 - Parmi ces ustensiles indiquer ceux que vous pouvez utiliser dans ce four. (Mettre une croix (X) dans la case correspondante) (2 points).

Ustensiles	Oui	Non
– Plat en verre		
– Plat en inox		
– Plat en faïence		
– Barquette en aluminium		
– Barquette en carton		
– Couvert en argent		
– Assiette avec un liseré en or		
– Assiette en plastique		

Justifier les réponses (1 point).

6 - Citer 2 précautions d'emploi (2 points).

Alimentation - Nutrition

1 - Citer les constituants alimentaires fondamentaux des produits laitiers (3 points).

2 - Justifier l'intérêt du lait pour un enfant (3 points).

3 - Le lait est un aliment naturellement pauvre en fer.
***a** - Énoncer la conséquence d'une carence en fer sur l'organisme. Justifier la réponse (2 points).*

***b** - Citer 2 aliments riches en fer pouvant palier à une éventuelle carence (1 point).*

4 - Certains enfants n'aiment pas le lait. Sous quelles formes plus attrayantes peut-on en consommer ? En citer 2 (1 point).

Annexe 1

LES PREMIERS EXAMENS DU NOUVEAU-NÉ

Les examens généraux

Dès que les premiers soins ont été donnés et que l'enfant se trouve dans une atmosphère suffisamment chaude, l'examen médical peut commencer.

Le test d'Apgar

On dénombre 5 éléments d'appréciation clinique permettant de juger d'emblée le bon état du nouveau-né à la naissance.
Ils sont étudiés à la 1re, puis à la 5e minute et sont portés sur les feuilles d'accouchement et de surveillance de l'enfant.
Ces 5 éléments sont :
– la couleur, habituellement rose ou rouge violacé ;
– la respiration, dont le rythme moyen est de 50 battements par minute ;
– l'activité cardiaque (environ 140 battements par minute) ;
– le tonus, le nouveau-né étant hypertonique ;
– la réactivité à une stimulation cutanée au niveau du pied (l'expression normale étant rendue par un cri vigoureux).
Ces éléments sont notés de 0 (plus mauvaise notation) à 2 (meilleure notation) ; la somme des notes attribuées à chacun d'eux constitue le score d'Apgar qui est normalement compris entre 8 et 10 à la 1re minute et s'élève à 10 à la 5e minute.

L'examen du thorax

Après l'auscultation et la palpation qui permettent de contrôler l'activité cardiaque et respiratoire, il faut rechercher une anomalie de forme du thorax et vérifier, à la partie supérieure de ce dernier, qu'il n'existe pas de <u>fracture</u> de la clavicule, lésion bénigne qui peut survenir lors de l'accouchement de gros enfants, lorsque le dégagement des épaules a été difficile.

L'examen de l'abdomen

La palpation du foie (qui déborde largement le rebord costal) est systématique, de même que la recherche d'une <u>hypertrophie</u> de la rate, qui serait anormale. L'abdomen du nouveau-né est assez volumineux et participe de façon importante aux mouvements respiratoires.

L'examen de la colonne vertébrale

La saillie de la colonne vertébrale au niveau du dos est palpée sur toute sa longueur, depuis le sacrum jusqu'au cou, afin de vérifier qu'il n'existe pas une anomalie traduisant une mauvaise fermeture de la partie postérieure du rachis (spina-bifida).

L'examen de la région périnéale

L'examen de l'anus et, au besoin, l'introduction d'une très fine sonde permettent de vérifier ce qu'il est normalement perforé, ce que peut confirmer, dans les minutes qui suivent la naissance, l'émission d'un peu de méconium. La vérification des organes génitaux externes du garçon précise que les testicules sont en place dans les bourses et qu'il n'existe pas de malposition du méat urétral ; chez la fille, on recherche une anomalie qui pourrait traduire une malformation particulière telle qu'un pseudo-harmaphrodisme. L'émission d'une légère quantité d'urine est assez fréquente, prouvant qu'il n'y a pas, *a priori*, de problèmes à ce niveau.

L'étude du tonus

Le nouveau-né est hypertonique, et sa mobilité spontanée est assez importante ; il déplace ses membres, étend et fléchit ses bras en fermant les points ; sa tête est très mobile, et il la projette en arrière lorsqu'il crie. Mais, en général, son attitude globale est celle d'un regroupement spontané sur soi, prolongeant en cela la position normale in utero.

Les réflexes particuliers

Le nouveau-né répond à certaines stimulations d'une manière qui lui est propre et qui s'estompera progressivement lors de la première enfance.

Le réflexe de Moro

Il s'agit d'un mouvement d'<u>extension</u> des deux bras en croix, ou bien d'un mouvement de rapprochement sur le thorax, déclenché en soulevant le siège de l'enfant ou en frappant fortement sur son lit.

Le réflexe de préhension

L'excitation <u>tactile</u> du pli de flexion de la main entraîne une flexion complète de tous les doigts qui enserrent alors l'objet responsable de cette excitation : en plaçant ses index dans les paumes de l'enfant, l'examinateur peut, après la flexion des doigts, décoller les épaules et la tête du plan du lit, tant cette préhension est efficace.

Le réflexe des points cardinaux

La stimulation <u>digitale</u> au niveau des commissures de la bouche et de la partie moyenne des lèvres supérieure et inférieure entraîne un déplacement de la tête et, plus souvent, de la langue dans la direction de la stimulation.

Le réflexe de la marche automatique

Ce réflexe « ancestral » apparaît le plus spectaculaire : en mettant le nouveau-né debout et en le soutenant par les aisselles, on constate que les jambes se redressent et que les plantes des pieds appuient, à une hauteur convenable, sur le lit ; si l'on incline ensuite le nouveau-né vers l'avant, il se produit un mouvement de marche automatique plus ou moins bien exécuté.

Le Grand Médical.

Corrigé

Biologie humaine

1 - Anatomie de l'appareil génital féminin.

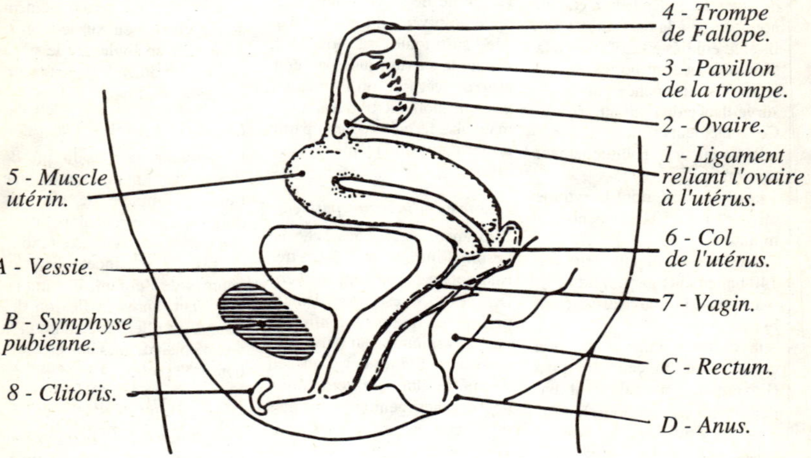

Fig. 5 : Appareil génital féminin, coupe saggitale.
Remarque : les lettres désignent les parties non génitales.

2 - a - Physiologie - Schéma à compléter.

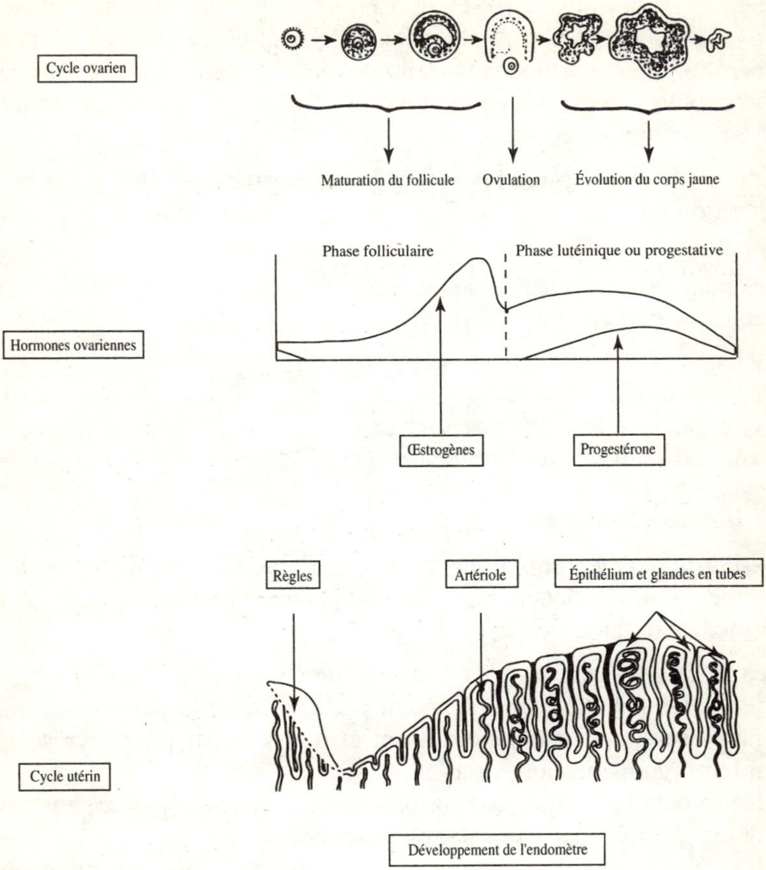

b **-** Évolution de la muqueuse utérine.
(Aidez-vous des schémas de la question précédente.)

Sous l'action des œstrogènes d'abord (1re moitié du cycle) puis de l'action conjuguée des œstrogènes et de la progestérone (2e moitié du cycle), l'endomètre (muqueuse utérine) s'épaissit et se dote d'un réseau vasculaire (vaisseaux sanguins) et glandulaire important. La muqueuse est prête pour accueillir l'œuf fécondé (nidation).

En l'absence de fécondation, le taux d'œstrogènes et de progestérone chute. Les cellules, glandes et vaisseaux sanguins qui s'étaient développés, dégénèrent et constituent les règles.

c **-** Le fonctionnement des glandes génitales féminines, est dépendant d'une glande endocrine : l'hypophyse.

L'hypophyse est une petite glande située à la base du cerveau. Elle libère des hormones (FSH et LH) qui agissent directement sur l'ovaire. L'action de ces hormones hypophysaires déclenchent la libération des hormones ovariennes qui à leur tour agiront sur l'hypophyse pour freiner la sécrétion d'hormones hypophysaires. C'est un phénomène de rétrocontrôle.

Une glande endocrine est une glande qui déverse son produit de sécrétion dans le sang. Ces substances sécrétées sont des hormones qui agissent à distance en petite quantité.

Les pancréas, la thyroïde, les glandes surrénales, les ovaires, les testicules, le cerveau ont une fonction endocrine.

d - Une pilule contraceptive peut agir soit :
– en bloquant l'ovulation,
– en modifiant la muqueuse utérine jusqu'à la nidation,
– en modifiant la glaire cervicale.

3 - Immunologie.

a - Parmi les éléments figurés du sang (hématies, plaquettes et leucocytes) seuls les leucocytes (globules blancs) participent aux mécanismes de défense de l'organisme.

Les leucocytes regroupent trois types de cellules :
– les polynucléaires qui traversent par diapédèse la paroi des capillaires sanguins, puis neutralisent et ingèrent par phagocytose les microorganismes indésirables.
– les monocytes, qui comme les polynucléaires participent aux défense non spécifiques par phagocytose.
– les lymphocytes T et B qui identifient les agressions et synthétisent (fabriquent) des anticorps spécifiques. Ils gardent « en mémoire » les antigènes spécifiques.

Sciences Médico-Sociales

Les premiers examens du nouveau-né.

1 - Définition des termes soulignés dans le texte.

Fracture : c'est la cassure d'un os. Elle peut être fermée (os brisé sans plaie) ou ouverte (plaie apparente).

Hypertrophie : c'est le développement anormal d'un organe (augmentation en volume).

Extension : c'est l'action d'étendre, d'étirer, d'allonger.

Tactile : qui concerne le toucher.

Digitale : qui concerne les doigts.

2 - a - Les quatre vérifications effectuées à l'occasion de l'examen du thorax du nouveau-né sont :
– contrôle de l'activité respiratoire.
– contrôle de l'activité cardiaque.
– recherche d'une anomalie de la forme du thorax.
– recherche d'une éventuelle fracture de la clavicule.

b - L'examen de la colonne vertébrale permet de dépister le spina-bifida.

c - Le nouveau-né aime à se remettre en position fœtale, c'est-à-dire la position qu'il avait pendant sa vie intra utérine.

d - Un nouveau-né « hypertonique » étend et fléchit les bras en fermant les poings quand il crie. Il projette fréquemment la tête en arrière.

3 - Les 4 réflexes particuliers du nouveau-né.

a) Réflexe des points cardinaux

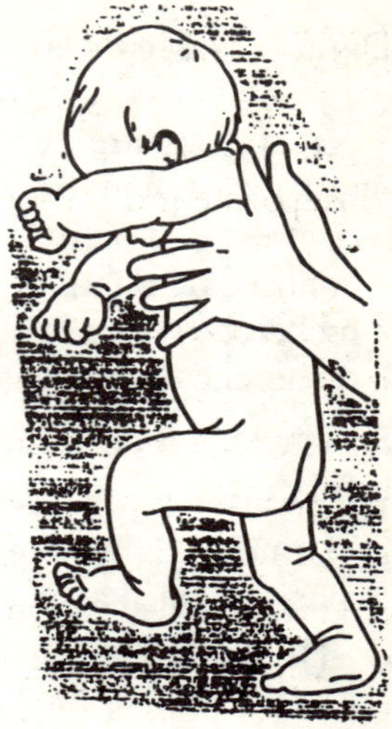

b) Réflexe de la marche automatique

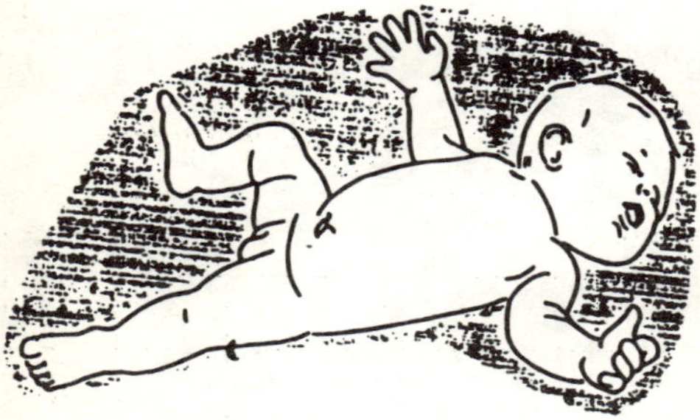

c) Réflexe de Moro

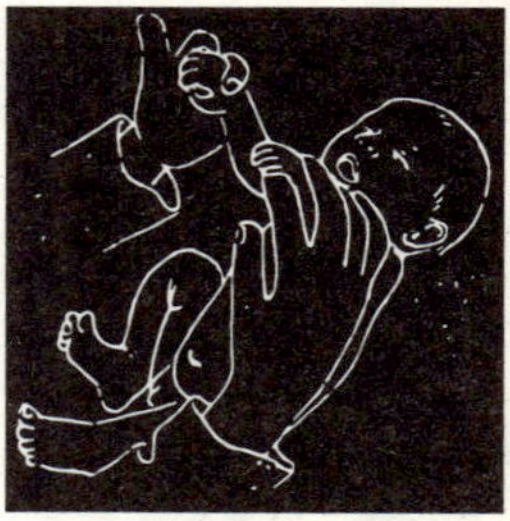

d) Réflexe d'agrippement (GRASPING)

Ce sont les réflexes archaïques du nouveau-né. Ces réflexes permettent de juger de l'état au développement du système nerveux de l'enfant (non du cerveau). Ces réflexes disparaissent avec la maturation du système nerveux.

Technologie

Le four à micro-ondes.

1 - Compléter le schéma.
1. Magnétron
2. Répartiteur d'ondes
3. Plateau.

2 - Principe du fonctionnement d'un four à micro-ondes.

Le magnétron produit des μ ondes guidées jusqu'au répartiteur qui les propulse dans l'enceinte.

Les μ ondes font vibrer les molécules d'eau + graisse des aliments.

Les frictions ultra rapides engendrent la chaleur dans la cuisson au cœur même de l'aliment.

3 - Différentes fonction d'un four à micro-ondes.

Décongeler – réchauffer – cuire.

4 - 3 avantages de ce type de four.
– Gain de temps.
– Économie d'énergie
– Décongélation dans de bonnes conditions sanitaires.

5 - Ustensiles utilisables ou non dans un four à micro-ondes.

Ustensiles	Oui	Non
– Plat en verre	X	
– Plat en inox		X
– Plat en faïence	X	
– Barquette en aluminium		X
– Barquette en carton	X	
– Couvert en argent		X
– Assiette avec un liseré en or		X
– Assiette en plastique	X	

Seuls les récipients laissant passer les micro-ondes peuvent être utilisés.

6 - Deux précautions d'emploi.

Ne pas tenter d'ouvrir la porte du four à micro-ondes avant la fin de l'utilisation.

En cas d'incident, s'adresser au spécialiste.

Alimentation - Nutrition

1 - Les produits laitiers (constituants élémentaires fondamentaux).

Les produits laitiers sont le lait, les laits transformés (laits pasteurisés, concentrés, en poudre), les laits modifiés (yaourts, laits gélifiés…) et les fromages.

Leurs constituants alimentaires fondamentaux sont :
– le calcium
– les protéines animales
– la vitamine B_2
– les vitamines A et D.

2 - Par ses constituants fondamentaux et ses apports essentiels, le lait présente un intérêt important pour un enfant.

– Les protéines animales pour la constitution des cellules.
– le calcium pour l'ossification.
– la vitamine B_2 dégrade les molécules énergétiques (lipides et glucides)
– la vitamine A qui favorise le mécanisme de la vision nocturne, participe au maintien du bon état des muqueuses et joue un rôle dans la croissance.
– la vitamine D, joue un rôle fondamental dans la formation du tissu osseux et dans la fixation du calcium.

3 - Le fer.

a - Carence en fer.

Le fer est indispensable puisqu'il entre dans la composition de l'hémoglobine contenue dans les globules rouges (hématies) du sang. Le fer assure le transport de l'oxygène. De plus il permet l'activité de nombreuses enzymes.

Une carence en fer se traduit donc par des modifications de la teneur en hémoglobine du sang, d'où une diminution des hématies (en nombre et en taille) : c'est ce qu'on appelle l'anémie (grande fatigue et augmentation de la ventilation respiratoire).

b **-** Parmi les aliments riches en fer, pouvant palier une éventuelle carence, on pouvait citer :
– les viandes rouges,
– les abats (foie)
– le poisson
– le jaune d'œuf.

4 - Autres formes plus attrayantes pour consommer des produits laitiers :
– yaourts aux fruits
– petits suisses
– milk shake…

Coefficient : 8 - Durée : 4 h

Sujet 5

Biologie (15 points)

Travail à faire

1 - Donner un titre au schéma ci-dessous et indiquer le nom des éléments anatomiques représentés.
Souligner d'un double trait l'élément anatomique où sont fabriquées les cellules sanguines.

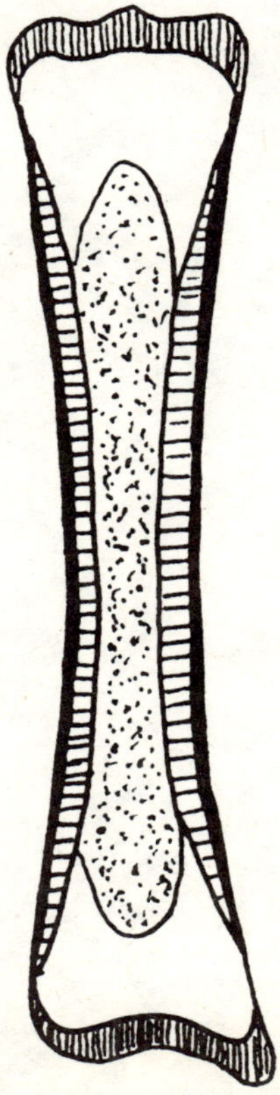

2 - En vous aidant du document 1

***a** - Indiquer la raison pour laquelle ces pathologies sont dites « maladies auto-immunes ».*

***b** - Compléter le tableau suivant :*

	Caractéristiques des lésions	**Tissus cibles**
Sclérose en plaques		
Diabète juvénile		

***c** - Citer les noms des cellules du milieu intérieur impliquées dans le processus d'auto-immunité.*

Document 1

Immunité et auto-immunité

POUR LA SCIENCE N°193 NOVEMBRE 1993

par LAWRENCE STEINMAN

Les attaques mal ciblées de l'organisme contre lui-même provoquent de nombreuses maladies chroniques comme la sclérose en plaques ou le diabète insulino-dépendant. Les progrès de l'immunologie font apparaître des traitements prometteurs.

1 Normalement le système immunitaire distingue l'ami (le soi) de l'ennemi (le non-soi) : il épargne les constituants de l'organisme, mais attaque les agents étrangers. Toutefois ce système se retourne parfois contre le soi, provoquant alors des maladies graves, voire mortelles

Les maladies auto-immunes touchent tous les tissus : ainsi la sclérose en plaques correspond à la destruction de la substance blanche du cerveau et de la moelle épinière : la polyarthrite rhumatoïde résulte de la dégradation du revêtement des articulations (la membrane synoviale) ; le diabète juvénile (ou diabète insulino-dépendant) est associé à l'attaque des cellules qui sécrètent l'insuline : la myasthénie, à l'attaque des connexions neuro-musculaires : la maladie de Basedow, à la stimulation excessive de la production d'hormones thyroïdiennes ; le pemphigus, à l'apparition d'ampoules cutanées : enfin le lupus érythémateux disséminé est associé à la destruction des reins et d'autres organes.

2 [...]

L'histoire d'une de mes malades, Kim K., éclaire de nombreux aspects des maladies auto-immunes. Cette jeune femme de 26 ans souffre de sclérose en plaques, une maladie qui frappe plus de 50 000 Français, dont deux tiers de femmes.

Kim a ressenti les premiers symptômes de la maladie en 1988 : des picotements dans les jambes et des douleurs aux bras. Son médecin a diagnostiqué une sclérose en plaques après avoir effectué une imagerie par résonance magnétique, qui a montré des lésions de la substance blanche, le tissu formé des longues fibres nerveuses qui transmettent l'information entre l'organisme et le cerveau. Un an plus tard, Kim a vu double durant environ une semaine : puis elle a présenté des troubles de l'équilibre ; elle avait besoin d'une béquille pour marcher, surtout lorsqu'elle était fatiguée. Aujourd'hui elle souffre principalement d'un mauvais équilibre, de picotements dans les jambes et d'une faiblesse de la main droite, qui la gêne pour écrire.

[...]

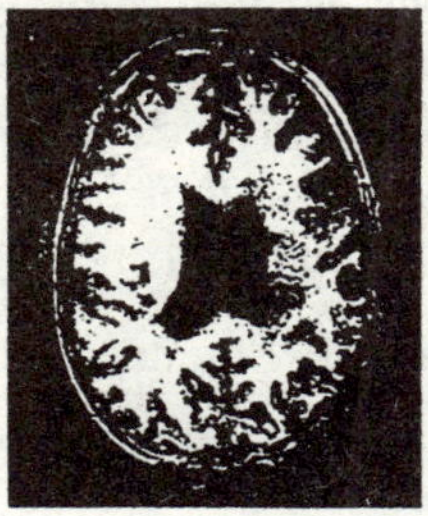

3 L'origine auto-immune de la sclérose en plaques est soupçonnée depuis longtemps, mais elle n'a été démontrée qu'en 1982, lorsque Cedric Raine et ses collègues du Collège de médecine Albert Einstein ont découvert des cellules immunitaires dans la substance blanche des malades. Comme dans une simple inflammation, la plupart de ces cellules étaient des lymphocytes *T* (issus du thymus) ; les autres étaient tantôt des lymphocytes *B* (issus de la moelle osseuse), tantôt des macrophages (les cellules chargées d'éliminer les déchets de l'organisme). Chacun de ces types cellulaires joue un rôle spécifique dans la destruction de la myéline, la substance qui gaine les longues fibres nerveuses et leur confère ainsi une couleur blanche.

[...]

4 Les traitements substitutifs

Certaines lésions auto-immunes sont relativement bénignes, car la fonction des tissus lésés peut être facilement remplacée. On traite ainsi la maladie de Basedow en excisant la thyroïde hyperactivée, puis en fournissant l'hormone manquante par voie orale. Cependant le traitement équivalent du diabète juvénile – des injections d'insuline – laisse à désirer, car ces injections ne parviennent pas à reproduire parfaitement la sécrétion des cellules bêta du pancréas, qui règlent finement le métabolisme du glucose. Ce traitement provoque de grandes variations de la concentration en glucose dans le sang, qui exposent le sujet diabétique à un risque élevé de complications vasculaires.

[...]

LES MALADIES AUTO-IMMUNES

MALADIE	ORGANES OU TISSUS CIBLES
Maladie d'Addison	Glandes surrénales
Anémie hémolytique auto-immune	Protéines de la membrane des globules rouges
Maladie de Crohn	Intestin
Syndrome de Goodpasture	Reins et poumons
Maladie de Graves	Thyroïde
Thyroïdite de Hashimoto	Thyroïde
Purpura thrombopénique idiopathique	Plaquettes sanguines
Diabète insulino-dépendant	Cellules bêta du pancréas
Sclérose en plaques	Cerveau et moelle épinière
Myasthénie	Synapses neuro-musculaires
Pemphigus vulgaire	Peau
Anémie pernicieuse	Cellules pariétales gastriques
Glomérulonéphrite poststreptococcale	Reins
Psoriasis	Peau
Polyarthrite rhumatoïde	Tissus conjonctifs
Sclérodermie	Coeur, poumons, intestin, reins
Syndrome de Sjögren	Foie, reins, cerveau, thyroïde, glandes salivaires
Stérilité spontanée	Sperme
Lupus érythémateux disséminé	ADN, plaquettes sanguines, autres tissus

3 - Donner un titre et placer les légendes suivantes sur le schéma 1 : gaine de myéline, axone, nœud de Ranvier, arborisation terminale, dendrites, synapse, corps cellulaire, gaine de Schwann, substance grise, substance blanche.

4 - « Dans le cas du diabète insulino-dépendant, l'examen du pancréas (glande mixte) montre que les cellules bêta des îlots de Langhérans sont détruites, mais aussi que les cellules du système immunitaire (lymphocytes et macrophages) entourent les îlots détruits et les infiltrent. Cette réaction porte le nom d'insulite. Le traitement de cette maladie impose de recourir à l'injection d'insuline (hormone) exogène pour rétablir la glycémie à un taux normal et constant "(homéostasie glucidique)". »

Extraits des dossiers de Pour la Science Oct. 1995.

a *- Donner la définition des mots soulignés dans le texte ci-dessus.*

b *- Indiquer 4 constituants du plasma autre que le glucose.*

c *- Citer le nom d'une hormone hyperglycémiante.*

d *- Indiquer le rôle de l'insuline dans le maintien de l'homéostasie glucidique et définir le terme glycosurie.*

e *- Indiquer trois complications du diabète insulino-dépendant pour l'appareil circulatoire et 3 moyens pour éviter ces complications.*

Schéma 1

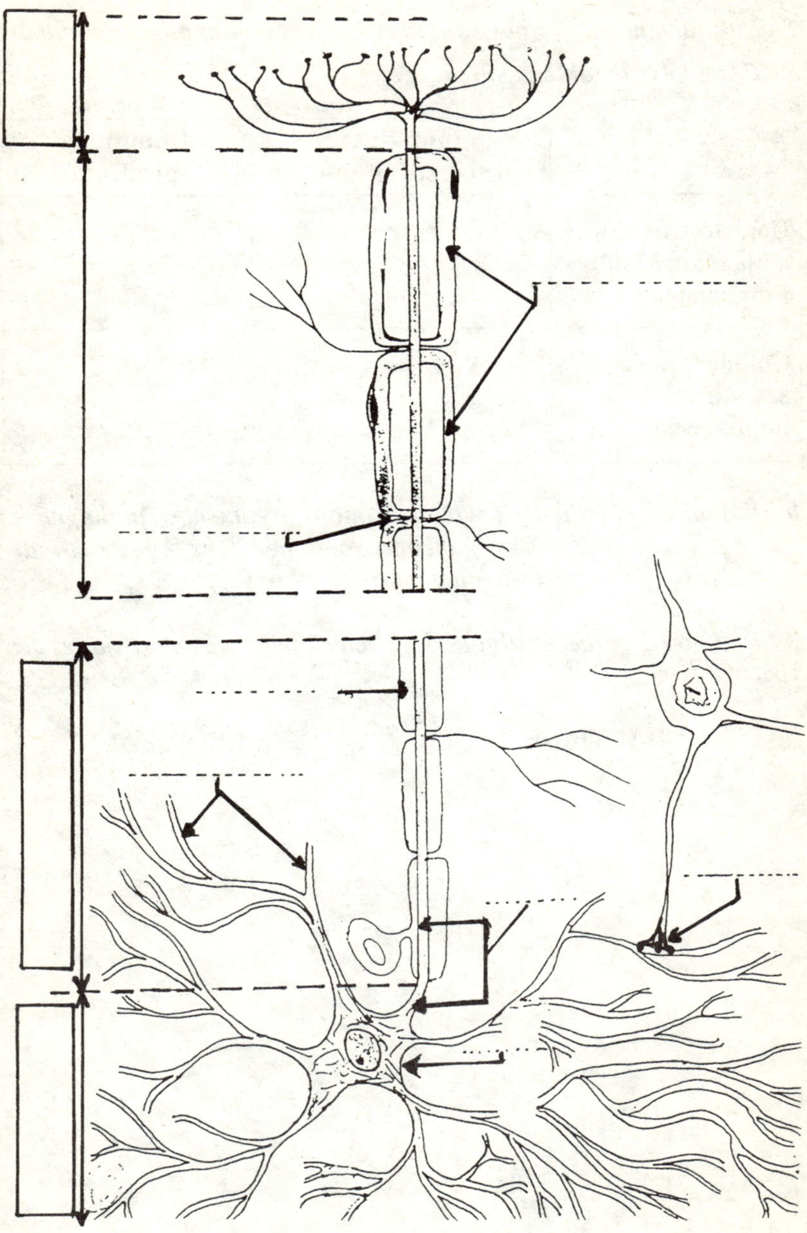

Technologie et microbiologie *(20 points)*

1 - En utilisant vos connaissances et en vous aidant du document 2 :

a - *Compléter le tableau suivant :*

	Immunité non spécifique	**Immunité spécifique**
Caractéristique de la réponse de l'organisme		
Cellules sanguines impliquées		

b - *Indiquer le milieu de vie des micro-organismes pathogènes, avant pénétration dans l'organisme, soulignés dans le texte et indiquer s'il s'agit de bactérie ou de virus.*

2 - Indiquer 2 caractéristiques des bactéries et 2 caractéristiques des virus.

BACTÉRIES VIRUS

Document 2

PRÉVENTION

COMMENT RENFORCER VOS DÉFENSES IMMUNITAIRES

L'hiver arrive avec son cortège de grippes, sinusites et otites. Nous pouvons prévenir l'apparition de ces infections en préparant nos défenses naturelles à mieux réagir face aux attaques microbiennes.

Deux mécanismes interviennent dans la protection immunitaire contre les infections. L'immunité non spécifique représente la première barrière de défenses de notre organisme. Son rôle : stopper la progression des agents infectieux. Elle met en jeu la peau et les muqueuses, des globules blancs et des agents présents dans les sécrétions tels que les lysozymes. *«L'immunité spécifique s'appuie, quant à elle, sur les lymphocytes, des cellules formées dans la moelle osseuse et mises en réserve dans nos ganglions lymphatiques»*, explique le Dr Jean-Claude Guilland, spécialiste des vitamines dans le département de physiologie humaine et expérimentale de la faculté de médecine de Dijon. Ces lymphocytes sont capables de produire des anticorps spécifiques à l'hôte indésirable.

Vaccination

Les immunostimulants agissent sur les lymphocytes B qui sécrètent les anticorps. Ces médicaments fabriqués à partir d'extraits bactériens stimulent également les globules blancs responsables de la «digestion» ou phagocytose des bactéries et virus. Ils s'adressent aux personnes sujettes à des infections respiratoires à répétition : rhino-pharyngites causées par les haemophilus et pneumocoques chez les enfants, bronchite chronique chez les adultes. Le médecin prescrit sprays, comprimés, gélules ou injections sous-cutanées en cure de huit jours par mois pendant un trimestre. Leur principal inconvénient : leur action ne dure que le temps d'une saison, il faut renouveler le traitement chaque année.

Les vaccins ont un effet plus durable dans le temps. Sous leur influence, notre organisme va fabriquer lui-même les anticorps. Les vaccins antibactériens (comprimés, sachets ou injections) stimulent les défenses contre des bactéries les plus fréquemment rencontrées dans les infections ORL et respiratoires. Le vaccin antigrippal vise spécifiquement à protéger les personnes fragiles (plus de 65 ans, enfants asthmatiques et personnes souffrant de maladies respiratoires chroniques ou d'affections cardiaques) contre les virus de la grippe. Sa préparation est adaptée au virus qui varie chaque année. Evitez de vous faire vacciner en période de rhume : vous risquez une aggravation. ■

Bernard Banga

MGEN - DECEMBRE 1995

3 - En vous appuyant sur la définition du médicament et sur l'emballage ci-dessous, expliquer pourquoi les vaccins sont des médicaments.

Définition du médicament : toute substance ou composition possédant des propriétés curatives ou préventives à l'égard des maladies humaines ou animales, ainsi que tout produit pouvant être administré à l'homme ou à l'animal en vue d'établir un diagnostic médical ou de restaurer corriger ou modifier leurs fonctions organiques.

4 - À partir du document 2, établir la liste des différentes formes de médicaments et les relier aux différentes voies d'administration : voie parentérale, voie orale, voie respiratoire.

5 - Annoter l'étiquetage du vaccin présenté ci-dessous.

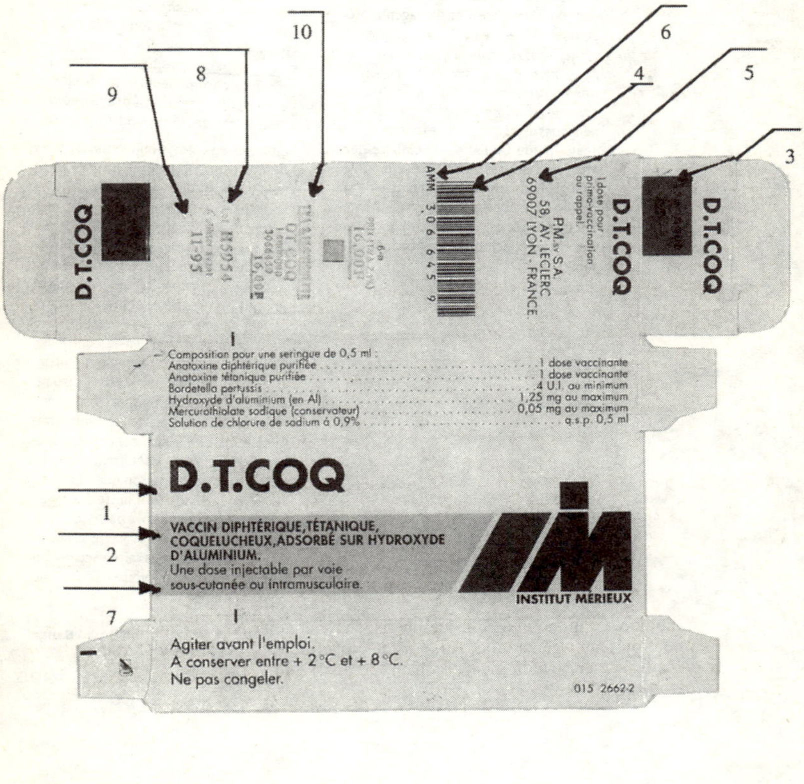

Sciences médico-sociales *(40 points)*

1re PARTIE

1 - L'école maternelle Louis PASTEUR de la ville de Z, située près de la place du Marché est à 200 m de la Maison de Retraite Communale « Les Floralies ».

a *- Toutes les personnes vivant dans ces structures ont reçu des vaccinations. Compléter le tableau suivant :*

	Enfants	**Personnes âgées**	**Personnel para-médical de la maison de Retraite**
Vaccinations obligatoires			
Vaccinations conseillées			

b *- Présenter sous forme d'un tableau, les différentes catégories de personnels intervenant dans l'école maternelle pendant le temps scolaire, leur rattachement administratif et leurs rôles respectifs.*

2e PARTIE

2 - La commune propose un encadrement périscolaire pour des enfants de 6 à 10 ans, le lundi, le mardi, le jeudi le vendredi de 7 h à 9 h et de 16 h à 19 h, le mercredi toute la journée de 7 h à 19 h.
L'animatrice de la maison de retraite propose un projet inter-génération. Ce dernier prévoit l'accueil d'un groupe de 8 enfants de 6-7 ans, un mercredi après-midi par mois, par 10 personnes âgées qui n'ont plus de famille.
Vous faites partie de l'équipe d'animation de l'accueil périscolaire et vous avez la responsabilité du groupe des 6-7 ans concerné par le projet inter-génération. Au mois de Novembre le directeur de la Maison de retraite fait appel à vous pour préparer le mercredi du mois prochain (20 décembre).

Document 3

HISTOIRES VRAIES

■ *Pierre Guillet,*
médecin généraliste,
Association de gérontologie
du XIIIe *arrondissement de Paris.*
Membre du Haut Comité à la santé publique.

Jeunes et vieux, complices

À quoi je sers dans la vie ? Qui n'a pas entendu une personne très âgée se plaindre ainsi et se soucier de ne plus être que charge pour ses enfants ? L'histoire de Germaine m'a apporté une réponse. Elle a pu, avec André, son mari, garder ses deux arrière-petites-filles, Camille et Laura, 6 et 5 ans, pendant trois jours.

Ce fut dur, mais merveilleux. Germaine leur a fait faire le ménage, elle leur a expliqué comment, avec sa propre grand-mère, il y a très longtemps, elle balayait avec un grand balai fait de branches de genêt. Elle a parlé aussi de son grand-père qui partait vendre les produits de la ferme avec sa charrette et son cheval. On entendait longtemps le bruit des roues sur les cailloux et le son des grelots du collier du cheval. Camille et Laura ont joué au cheval et à la charrette et elles ont fait un grand dessin.

Qui donc a aidé Germaine et André à retrouver leur vitalité ?

Pour les endormir le soir, André a relayé Germaine et raconté d'autres histoires. Il n'aurait jamais cru devenir aussi intéressant qu'une émission de télévision pour ses arrière-petites-filles. Depuis ces vacances, Germaine et André ont une autre idée de leur âge. N'ayons pas peur de la vieillesse. Regardez les enfants. Les liens de tendresse qui se créent entre un jeune enfant et ses arrière-grands-parents constituent un facteur irremplaçable de leur épanouissement réciproque. Les enfants ont besoin d'apprendre de leurs arrière-grands-parents que leurs grands-parents et leurs parents ont aussi été tout petits. Sans le contact avec les vieilles personnes, les enfants grandissent dans une vie en quelque sorte sans "épaisseur", ils sont en permanence collés au présent.

Tout le monde vieillit. Vieillir, c'est évoluer et c'est changer. Les enfants attendent avec impatience ce changement ; pour eux, c'est devenir plus fort. Les vieux, au contraire, préfèrent leur passé : il est rassurant car il ne change pas. Mais ensemble, les enfants et les vieux peuvent donner un sens à la continuité de leur histoire.

Ce qui est vrai pour la famille est vrai pour la société. Cessons de mettre les enfants avec les enfants et les vieux avec les vieux. La ségrégation dans les villes, et même dans les villages, est tout à fait néfaste.

Notre système de médecine et de solidarité nationale vient en aide à la dépendance et soulage les handicaps, mais les moyens doivent permettre aux familles de vieillir ensemble. Germaine et André avaient peur de devenir dépendants de leurs enfants ; ils ont compris, durant ces trois jours, qu'il y avait une grande complicité entre les vieux et les tout-petits. Entre eux, il y avait eu échange de vitalité.

Pierre Guillet ■

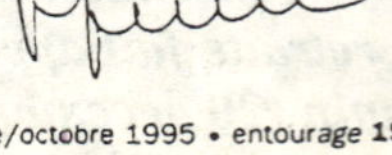

septembre/octobre 1995 • entourage **19**

a *- Relever dans le document 3 :*

– le rôle des enfants dans le maintien des relations sociales des personnes âgées,

– le rôle des grands-parents dans le développement affectif et social des enfants.

b *- Proposer au Directeur 4 activités d'intérieur réunissant les personnes âgées et les enfants et répondant à leurs besoins respectifs. Justifier votre choix.*

c *- Compléter le planning de l'après-midi 14 h-17 h du mercredi 20 Décembre en précisant pour chaque tranche horaire la nature des activités, le nombre de participants, les intervenants.*

HORAIRE	ACTIVITÉS	PARTICIPANTS		INTERVENANTS
		enfants	personnes âgées	

d *- Une affiche destinée à informer les parents des enfants de cette rencontre inter-génération doit être réalisée. Citer 4 éléments nécessaires à la bonne compréhension de ce message.*

Alimentation *(15 points)*

Un demi-million de Français ignorent qu'ils souffrent d'un mal sournois, le diabète, qui peut évoluer, si l'on n'y prend garde.

Le diabète, dit diabète sucré, est une insuffisance de sécrétion par le pancréas. Cette forme de diabète est une maladie dite auto-immune.

Le diabète gras est plus sournois, nettement plus fréquent et apparaît plus tardivement. Il est très souvent lié au mode de vie.

Sur un terrain génétique favorable, l'obésité, l'hypertension et la sédentarité ajoutent au risque de voir se développer la maladie.

Le traitement passe en priorité par un changement du mode de vie.

Le régime alimentaire est également à surveiller.

Les diabétiques doivent manger comme tout le monde devrait manger : équilibré.

Changer le comportement

Contrairement à une autre idée reçue, l'ennemi numéro un des diabétiques n'est pas le sucre mais les graisses. Si les pâtisseries sont à éviter, ce n'est pas en raison de leur teneur en sucre mais en graisse. De tout, un peu : il n'y a plus de liste d'aliments interdits. Cependant, les charcuteries, les sauces trop onctueuses, les généreuses tartines beurrées sont à éviter.

(Sciences et Vie Éd. spéciale Sept. 95).

1 - Préciser les caractéristiques d'un régime hypolipidique.

2 - Citer 4 aliments à éviter dans le cadre d'un régime hypolipidique.

3 - Pour le déjeuner au self-service de son entreprise, Mme G. et ses collègues ont le choix entre les préparations suivantes :

– œufs durs mayonnaise
– salade frisée avec un peu de sauce à l'huile d'olive
– rillettes de porc

– pommes de terre vapeur avec ou sans beurre
– carottes vapeur au persil
– riz au gras

– foie de veau à la Lyonnaise
– saumon grillé aux herbes
– bœuf bourguignon (en sauce)

– 1 portion de gruyère
– 1 portion de bleu
– fromage blanc à 0 %

– compote de pommes
– tarte aux pommes
– kiwi

– eau } à volonté
– pain } à volonté

a *- Faire une proportion de menu équilibré (5 plats) pour Mme G. en tenant compte de son régime alimentaire hypolipidique.*
Justifier votre choix.

b *- Citer les plats que Mme G. doit éviter.*

Corrigé

Biologie

1 - Il est souvent demandé en biologie de mettre des titres à des schémas anatomiques. Il faut veiller à être le plus précis possible : dire de quoi il s'agit, bien sûr, mais aussi préciser le sens de la coupe proposée : longitudinale ou transversale, sagittale ou frontale, supérieure ou inférieure.

TITRE : coupe longitudinale schématique d'un os long.

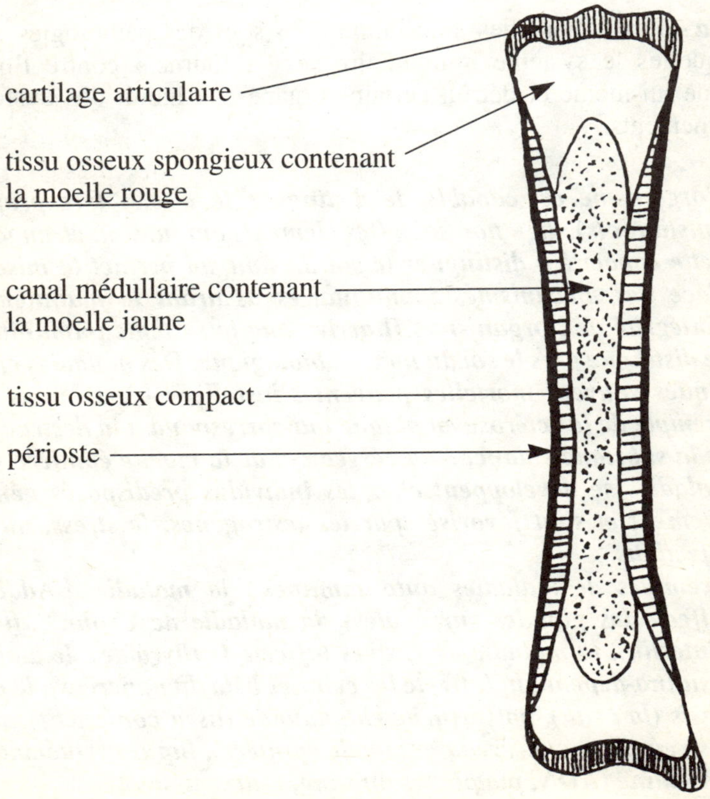

À la naissance, un os long est entièrement formé de cartilage. Ce cartilage (cartilage de conjugaison) sera progressivement remplacé par de l'os.
(Voir croissance en longueur d'un os long.) Le cartilage articulaire (blanc et lisse), recouvre la tête de l'os (épiphyse). Ce cartilage favorise le glissement de la tête de l'os dans la cavité d'une articulation. Avec la synovie, le cartilage articulaire favorise et permet des mouvements rapides et violents.
Le périoste entoure le corps de l'os (diaphyse) sur toute sa surface, sauf dans les zones articulaires. Le périoste est responsable de l'accroissement de l'os en diamètre en fabriquant des couches osseuses d'os compact.
Le tissu osseux spongieux se trouve dans les épiphyses et contient de la moelle rouge. La moelle rouge élabore les globules rouges (hématies) du sang, et produit des lymphocytes T et B indifférenciés.

2 - a - Les « maladies auto-immunes » sont des pathologies dans lesquelles le système immunitaire se « retourne » contre l'organisme lui-même et détruit certains organes ou induit des dysfonctionnements.

L'organisme est capable de distinguer le « soi » (ses propres constituants), du « non soi » (les éléments qui lui sont étrangers). Cette capacité à distinguer le soi du non soi permet la mise en place des mécanismes immunitaires assurant le maintien de l'intégrité de l'organisme. Il arrive que le système immunitaire ne distingue plus le soi du non soi biologique. Des maladies chroniques souvent mortelles peuvent s'installer : c'est le cas par exemple de la sclérose en plaque qui correspond à la destruction de la substance blanche du cerveau et de la moelle épinière. Ces maladies se développent chez les individus prédisposés génétiquement et sont favorisés par les œstrogènes, le stress, ou les infections.
Exemples de maladies auto-immunes : la maladie d'Addison (affecte les glandes surrénales), la maladie de Crohn (affecte l'intestin), la maladie de Graves (affecte le thyroïde), le diabète insulino-dépendant (affecte les cellules bêta du pancréas), le psoriasis (la peau), polyarthrite rhumatoïde (tissu conjonctif), sclérose en plaque (cerveau et moelle épinière), lupus érythémateux disséminé (ADN, plaquettes du sang, autres tissus)...

b **-** Le tableau à compléter concernait deux maladies auto-immunes :

	Caractéristiques des lésions	**Tissus, organes cibles**
Sclérose en plaques	Destruction de la myèline par les lymphocytes et les macrophages.	Gaine de myèline des fibres nerveuses du cerveau et de la moelle épinière.
Diabète juvénile	Destruction des cellules β des îlots de Langherans par les lymphocytes et les macrophages.	Cellules bêta des îlots de Langherans du pancréas.

c **-** Cellules du milieu intérieur impliquées dans le processus d'auto-immunité.

– lymphocytes T,
– lymphocytes B,
– macrophages.

Les leucocytes (globules blancs) sont des cellules du sang qui assurent la défense de l'organisme. Certains sont polynucléaires (avec un noyau comportant plusieurs lobes) et d'autres, mononucléaires (un noyau qui ne présente pas de lobes). Parmi les mononucléaires, on distingue :
– les lymphocytes T (immunité cellulaire) qui portent la mémoire immunitaire et les lymphocytes B (immunité humorale) (Les lymphocytes T et B sont spécifiques d'antigènes spécifiques.)
– les monocytes qui deviennent des macrophages. Les macrophages ont une fonction de défense en phagocytant les débris cellulaires et les microorganismes.

TITRE : schéma d'un neurone multipolaire

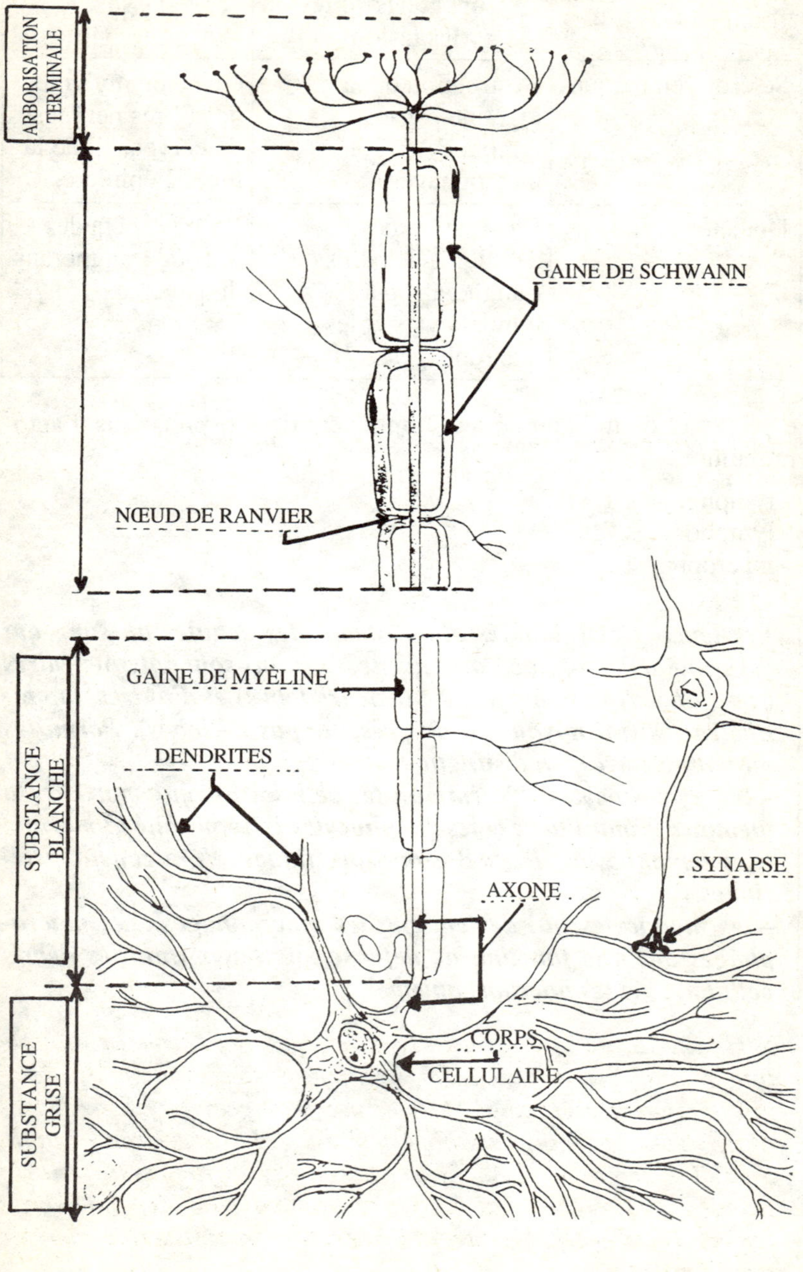

4 - a - Définition

– **Glande mixte :** glande à la fois exocrine (glande qui déverse son produit de sécrétion dans le milieu extérieur) et endocrine (glande dont le produit élaboré passe directement dans la circulation sanguine).

– **Hormone :** substance chimique sécrétée par une glande endocrine, véhiculée par le sang, agissant de façon lente et durable sur des organes cibles.

Les hormones obéissent aux deux principes suivants:
– elle agit à distance,
– elle s'autorégule par rétroaction.

– **Glycémie :** concentration en glucose dans le sang total, exprimée en gramme par litre.

La valeur normale de la glycémie est de l'ordre de 1 gramme par litre de sang. Quand ce taux s'écarte de plus de 20 % de cette valeur on dit qu'il y a hypoglycémie ou hyperglycémie.
À ne pas confondre avec la glycosurie qui est le taux de glucose dans les urines (en g/l).

b - Hormones – urée – anticorps – éléments minéraux – protéines – lipides (phospholipides, triglycérides, cholestérol).

Le sang contient :
– des cellules (globules rouges, globules blancs et plaquettes),
– le plasma, substance formée de sérum et de fibrinogène. Il contient des protéines plasmatiques (albumine, globulines et fibrinogène), des sels minéraux, des acides aminés, des vitamines, des hormones.

c - Le glucagon, (hormone sécrétée par les cellules α des îlots de Langerhans du pancréas).

Il stimule la libération dans le sang du glucose stocké dans le foie, c'est ce qu'on appelle la glycogénolyse. C'est donc une hormone hyperglycémiante. L'adrénaline (hormone libérée lors d'un stress ou d'une émotion par exemple) est sécrétée par la médullo-surrénale , l'ACTH (sécrétée par l'hypophyse) stimule la cortico-surrénale qui libère le cortisol sont des hormones hyperglycémiantes. De même l'hormone de croissance sécrétée par l'hypophyse.

d - L'insuline est l'hormone hypoglycémiante.

De « insula » qui signifie île, elle est fabriquée par les cellules β des îlots de Langerhans. Elle fait diminuer le taux de glucose dans le sang. En stimulant le foie, le glucose est stocké dans le foie (c'est la glycogénogénèse).

Glycosurie : présence de sucres dans les urines.

e - Complication

– Atteinte des artérioles et des capillaires (microangiopathie).
– Atteinte des artères de gros calibre (macroangiopathie).
– Fragilisation de la paroi des vaisseaux (microanévrisme) qui devient perméable.
– Accélération de la formation d'athérome : angine de poitrine, infarctus.
– Altération de la paroi des artères des membres inférieurs (artérite).

Prévention des complications :

– traiter l'hyperglycémie chronique : injection d'insuline,
– équilibre diététique : régime alimentaire évitant les sucres à absorption rapide et réduisant les graisses saturées,
– exercice physique régulier,
– surveillance : contrôle de la glycémie, contrôle de la glycosurie.

Le diabète (du grec diabainein qui signifie « passer à travers ») est appelé ainsi car la quantité d'urine est plus élevée que la moyenne de telle sorte que l'eau semble traverser l'individu. Comme dans ce cas l'urine est sucrée, elle contient du glucose, on dit parfois « diabète sucré ». Le traitement consistant essentiellement en injections d'insuline, on l'appelle diabète insulino-dépendant.

Technologie et microbiologie

1 - a - Compléter le tableau suivant :

	Immunité non spécifique	**Immunité spécifique**
Caractéristique de la réponse de l'organisme	L'organisme répond à une infection par la mobilisation des cellules à activité phagocytaire destinée à détruire l'agent infectieux.	L'organisme répond à la pénétration de substance étrangère (Antigènes) par la production d' Anticorps capable de les neutraliser.
Cellules sanguines impliquées	Polynucléaires macrophages.	Lymphocytes (B et T) macrophages.

b - Milieu de vie des micro-organismes pathogènes avant pénétration dans l'organisme cités dans le texte et indiquer s'il s'agit de bactérie ou de virus.

Bactérie	Haemophilus pneumocoques	AIR
Virus de la grippe		

2 - BACTÉRIES

– présence d'une paroi,
– l'appareil nucléaire est constitué d'1 chromosome unique,
– pas de membrane nucléaire,
– division par scissiparité,
– possède 2 types d'acides nucléiques (ARN et ADN).

VIRUS

– présence d'un seul acide nucléique (ARN ou ARN),
– ne peuvent vivre et se multiplier qu'à l'intérieur d'une cellule,
– utilise le matériel nucléaire de la cellule hôte.

3 - Un vaccin est un médicament car il contient une substance possédant des propriétés préventives ; c'est un produit contenant des agents pathogènes atténués et provoquant dans l'organisme la formation d'anticorps spécifiques destinés à instaurer une mémoire immunitaire et donc protéger.

4 – Voie parentérale : injections, vaccins.
– Voie orale : comprimés, gélules, sachets (poudre).
– Voie respiratoire : spray.

5 -

1. nom commercial
2. nom du principe actif
3. forme et voie d'administration
4. code barre dont les chiffres correspondent à l'AMM
5. nom et coordonnées du laboratoire de fabrication
6. numéro d'autorisation de mise sur le marché
7. informations relatives aux modalités d'administration du médicament
8. numéro du lot de fabrication
9. date de péremption
10. vignette

Sciences médico-sociales

1re PARTIE

a - Compléter le tableau suivant :

	Enfants	**Personnes âgées**	**Personnel para-médical de la maison de Retraite**
Vaccinations obligatoires	anti diphtérique anti tétanique anti poliomyélite BCG		contre l'hépatite B BCG TAB
Vaccinations conseillées	anti coquelucheux anti rougeoleux anti variolique anti ourlien (oreillons)	anti grippal anti tétanique	

b -

Personnel	Rôle	Rattachement administratif
Personnel enseignant directeur de l'école professeurs des écoles ou instituteurs	Pédagogique	Éducation nationale
Personnel non enseignant agents territoriaux de service des écoles maternelles (ATSEM)	Soins corporels des enfants Entretien des locaux et du matériel	Collectivité territoriale : commune

2e PARTIE

a - Relever dans le document 3 :

– le rôle des enfants dans le maintien des relations sociales des personnes âgées.

Le vieillissement est marqué par un repli sur soi donc un isolement des autres. Les enfants permettent à la personne âgée d'exercer un rôle éducatif : transmission de son vécu.

– le rôle des grands-parents dans le développement affectif et social des enfants.

La disponibilité des grands-parents, leur tendresse répondent aux besoins d'apprentissage et d'amour des petits.

b - Proposer au directeur 4 activités d'intérieur réunissant les personnes âgées et les enfants et répondant à leurs besoins respectifs. justifier votre choix.

Organisation d'atelier sur un thème :
– travaux manuels (réalisation de supports d'une histoire),
– histoires, récits,
– préparation d'un goûter,
– chansons…
Transmission de savoir-faire, relation favorisant des échanges affectifs…

Chez les personnes âgées le besoin de repos et de calme est sans doute important mais les besoins de valorisation et le souci d'intégration (besoin de toujours faire partie de la société) est très fort. Autrement dit tout ce qui peut stopper ou freiner le processus de vieillissement permettra de répondre à ce besoin de valorisation personnelle. L'animateur sera attentif à proposer des activités utiles en les considérant comme des personnes adultes, capables, ayant une vie très riche derrière elles. Il devra donc favoriser les rencontres avec d'autres personnes, les contacts avec d'autres milieux… Les propositions doivent prendre en compte ces besoins en les associant à ceux des enfants.
La maison de retraite propose un projet intergénération, c'est-à-dire qu'elle souhaite favoriser les contacts entre enfants et anciens et développer le rôle des uns par rapport aux autres, sans doute décloisonner la maison de retraite ainsi que le centre de loisirs par une coopération entre différents partenaires.

c - Compléter le planning :

HORAIRE	ACTIVITÉS	PARTICIPANTS		INTERVENANTS
14 h 00	accueil	enfants	personnes âgées	animateur, élève
14 h 15	temps calme (conte)	8	9 PA animatrice élève	1 PA
14 h 45	travaux manuels	8	10	animateur, élève
15 h 30	atelier crêpe	8	10	animateur, élèves
16 h 30	goûter	8	10	animateur, élèves
17 h 00	départ	8	10	animateur, élèves

d - Les 4 éléments nécessaires à la bonne compréhension de ce message.

– un titre (accroche),
– un élément visuel : dessins, images, photographies…
– texte court,
– identification de l'émetteur,
– destinataire.

Alimentation

1 - Caractéristiques d'un régime hypolipidique :

Un régime hypolipidique est un régime pauvre en lipides.

Les lipides sont des substances naturelles qui contiennent dans leur molécule des acides gras.

2 - Les aliments à éviter dans le cadre d'un régime hypolipidique sont les aliments riches en corps gras, ce qu'on appelle souvent les matières grasses : le beurre, les huiles végétales, les graisses animales, les margarines et donc les produits laitiers, les viandes grasses, les pâtisseries, le poisson, les œufs, la charcuterie.

a - Proposition de menu équilibré (5 plats) pour Mme G. en tenant compte de son régime alimentaire hypolipidique.

salade – saumon grillé – pommes vapeur – fromage blanc à 0 % – compote de pomme – eau et pain.

b - Plats à éviter : voir commentaires question 2.

Coefficient : 8 - Durée : 4 h

Sujet 6

Nutrition – Alimentation

Travail à faire

1 - Indiquer le groupe d'aliments qu'il est souhaitable de consommer quotidiennement pour couvir les besoins en calcium d'une personne.

2 - Le calcium

***a** - Préciser ses rôles chez l'enfant.*

***b** - Ce minéral a-t-il la même utilité chez la personne âgée ?*

Justifier votre réponse.

***c** - Nommer la vitamine liée au métabolisme du calcium dans l'organisme.*

3 - Observer le document ci-dessous :

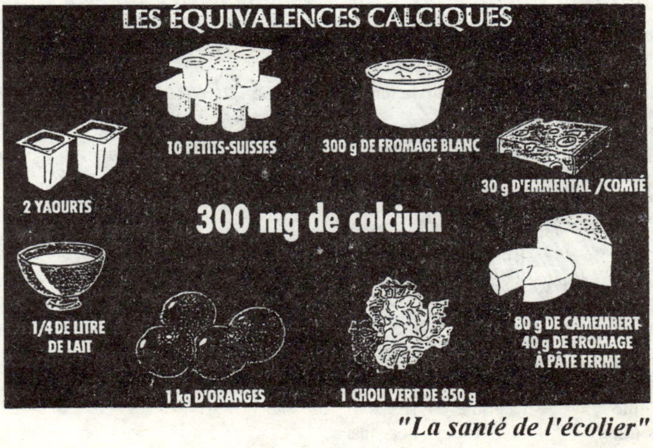

"La santé de l'écolier"

Comparer la valeur nutritionnelle des 2 groupes d'aliments présentés. Pour cela :

a *- Préciser leurs composants alimentaires et leurs rôles respectifs.*
(Présenter votre réponse sous forme d'un tableau simple.)

b *- Conclure sur la possibilité ou non de substituer un de ces groupes d'aliments par l'autre, partiellement ou totalement.*

c *- En cas de possibilité de substitution, en préciser l'intérêt.*

4 - Comportement alimentaire

Steak haché : avec le mou, pas de goût

« L'avènement du steak haché a permis de valoriser les morceaux avant du bœuf, jadis utilisés pour les ragoûts, mirotons et autres blanquettes, plats aujourd'hui tombés en désuétude car ils demandent des heures de cuisson. Vague du hamburger oblige, le marché de la viande hachée est à la hausse et représente actuellement 16 % de la consommation de viande bovine. Seulement voilà, à privilégier le mou, les Français vont y perdre le goût. Car, avec du haché, pas besoin de mastiquer. Or, c'est en mâchant les aliments que l'on libère toutes leurs saveurs. »

Article extrait d'un quotidien.

a *- Après lecture de l'article, énoncer les inconvénients de l'augmentation de la consommation du steack haché.*

b *- Citer les quatre saveurs de base.*

c *- Déduire de l'article les trois sens concernés lors de la consommation d'un steack haché.*

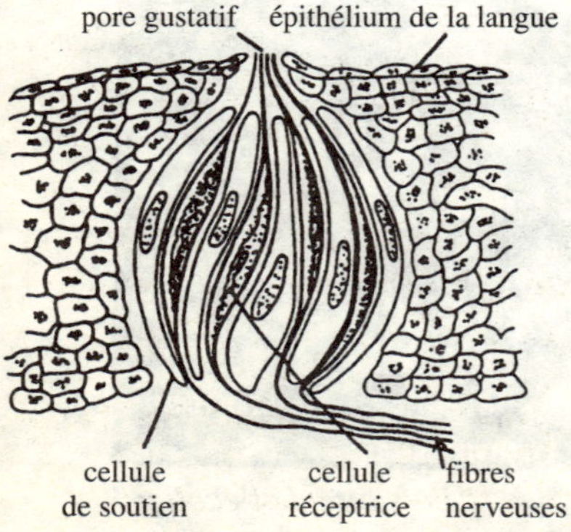

d *- Expliquer, en vous aidant du schéma ci-contre comment le goût d'un aliment peut être reconnu.*

e - Expliquer comment l'odeur d'un aliment parvient au bulbe olfactif.

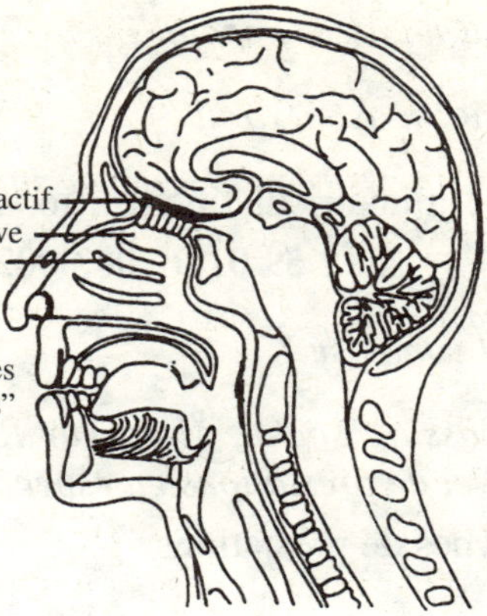

Sciences médico-sociales *(50 points)*

1 - À la crèche, la directrice, l'éducatrice de jeunes enfants, les auxiliaires de puériculture réfléchissent sur la façon de développer le goût alimentaire des enfants de grande section.
Quelles suggestions pouvez-vous leur faire ?

2 - L'un des enfants, Delphine, 2 ans, accueillie à la crèche depuis peu, refuse tous les aliments qui lui sont proposés.

a - Quelles peuvent être les causes de ce comportement ?

b - Que serait-il utile de proposer pour solutionner ce problème ?

3 - Les vaccins sont un moyen de prévention efficace contre les maladies graves. Pour Delphine, quels sont les vaccins obligatoires et ceux qui sont conseillés.

4 - Les parents de Delphine, Monsieur Robert, aide-soignant et son épouse, infirmière, ainsi que leur fil ainé Sébastien 12 ans, ont décidé de se faire faire un bilan de santé.

a - Quelles sont les caractéristiques générales d'un bilan de santé ?

b - Citer 4 des examens prévus et justifier vos réponses.

5 - À l'occasion du bilan de santé, on demande à Monsieur Robert de présenter sa carte d'assuré social pour justifier ses droits.

a - *Qu'est-ce qu'un assuré social ?*

b - *Qu'est-ce qu'un ayant droit ?*

c - Le numéro d'immatriculation de Monsieur Robert est le suivant :

1 59 01 09 083 002 91

Comment est-il composé ?

d - *En tant qu'assuré social, Monsieur Robert bénéficie de prestations en nature et de prestations en espèce.*

Définir ces 2 types de prestations.

2 - Donner pour chacune d'elles un exemple.

Biologie humaine
Microbiologie *(50 points)*

1 - Appareil respiratoire et respiration.

a - *La respiration comporte deux mouvements : l'inspiration et l'expiration.*

Construire un tableau avec deux colonnes (inspiration et expiration) et placer les termes suivants dans la colonne qui convient :

actif – passif – le diaphragme se soulève – le diaphragme s'abaisse – les poumons se vident – les poumons se remplissent.

b - *Le schéma suivant donne les capacités respiratoires de Monsieur Robert :*

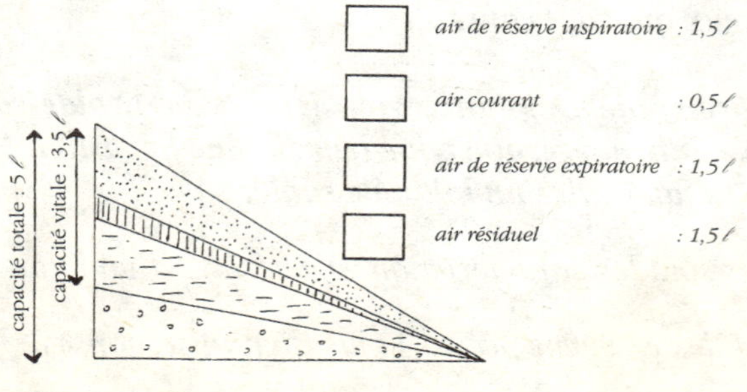

Sur votre copie, écrire le volume d'air contenu dans les poumons de *Monsieur Robert* :

– après une inspiration normale :
– après une inspiration forcée :
– après une expiration normale :
– après une expiration forcée :

c - *Annoter le schéma de l'appareil respiratoire (annexe 1-a).*

Annexe 1

a - *L'appareil respiratoire*

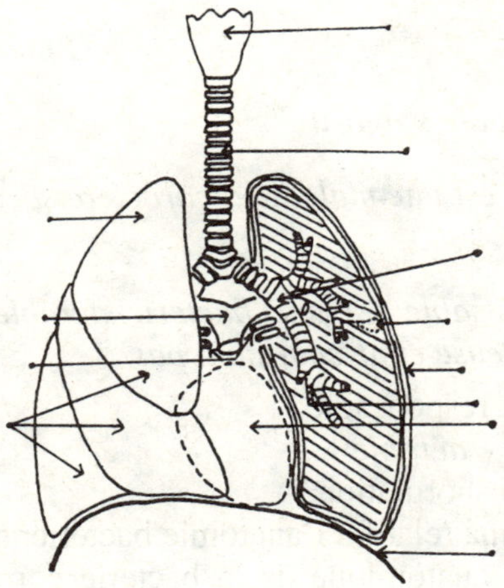

b - *La bactérie*

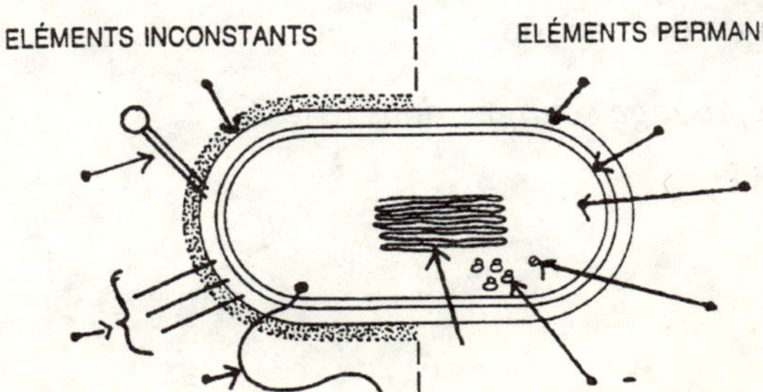

2 - Lire le texte ci-dessous :

La .... est de retour.

« … Cette évolution n'était pas imprévisible. Tous les spécialistes l'attendaient. Ils savaient notamment que le vieillissement de la population allait déboucher sur une explosion de la maladie, qu'un réservoir de BK était en train de s'accumuler chez des personnes d'un certain âge qui n'avaient pas été vaccinées ou traitées par des médicaments à l'occasion de leur primo-infection. Il était donc logique que l'affaiblissement et la baisse des défenses immunitaires, passés 60 ans, laissent exploser la maladie chez les personnes âgées. Les spécialistes savaient surtout qu'on ne pouvait éternellement négliger un fléau qui mine à ce point le tiers-monde, sans s'exposer à un retour de bâton. C'est aujourd'hui chose faite et les flux migratoires ont vite fait de ramener le BK au sein de la galaxie industrialisée » …

(Libération du 5.10.94)

a - *De quelle maladie s'agit-il ?*

b - *Cette maladie est une maladie à caractère social. Donnez-en les caractéristiques.*

c - *L'agent responsable est une bactérie aérobie, entourée d'une courbe cirograisseuse et ne sporulant pas.*

• Nommer l'agent responsable.
• Définir le terme « *aérobie* ».
• Qu'est-ce que la sporulation ?
• Annoter le schéma relatif à l'anatomie bactérienne *(annexe 1-b)*.
• À quel élément anatomique de la bactérie correspond la couche cirograisseuse ?

d - *Nommer le vaccin permettant de lutter contre cette maladie :*

• Quelle est sa composition ?
• Quel est son mode d'action ?

e - *Justifier le passage souligné dans le texte.*

Technologies *(30 points)*

1 - Observer le document qui donne les caractéristiques d'un produit d'entretien (annexe 2).

a - *Quels supports peut entretenir ce produit ?*

b - *Quel type de salissures peut éliminer le détergent ?*

c - *Ce détergent a un pouvoir mouillant élevé. Citer d'autres pouvoirs des détergents. Expliquer trois d'entre eux.*

d - *Quel est son taux de biodégradabilité ? Que signifie ce terme ?*

e - *Définir les termes suivants :*

– Désinfection
– Bactéricide
– Synergique

f - *Justifier les conseils d'utilisation suivants :*

- ne pas mélanger avec un autre produit
- stocker dans un endroit frais et sec
- laisser sécher sans rincer
- alterner avec un autre produit

2 - Le four à micro-ondes.
Cet appareil est très utilisé dans certains hôpitaux, au moment du service des repas, pour le réchauffage des plats préparés en liaison réfrigérée dans la cuisine centrale.

a - *En liaison réfrigérée, quels temps et températures doivent être respectés lors de la préparation, du stockage, du transport, de la remise en température des plats ? Justifier.*

b - *Annoter le schéma (annexe 3) en indiquant les éléments suivants :*

Guide d'ondes – enceinte – agitateur – magnétron
plat contenant l'aliment

c - *Énoncer son principe de fonctionnement.*

d - *Citer les règles de sécurité lors de l'utilisation de cet appareil.*

Annexe 2

EURO-TRAITSOL

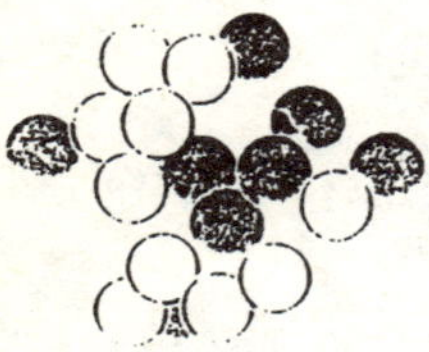

AIRSANE 33

DETERGENT BACTERICIDE

pour sols et surfaces lavables
spécialement conçu pour l'hygiène hospitalière

AIRSANE 33, détergent bactéricide, en doses entièrement solubles dans l'eau, nettoie, désinfecte et désodorise en une seule opération, les sols et les surfaces lavables.

MODE D'EMPLOI

- mettre 1 dose dans un seau vide.
- Ajouter 4 litres d'eau (chaude de préférence).
- Remuer légèrement pour obtenir une solution bien homogène.
- Appliquer avec Faubert, gaze humide, machine etc..
- Inutile de rincer.

UTILISATION

AIRSANE 33 peut être employé en toute sécurité à la dilution d'emploi, sur les surfaces lavables telles que : carrelages, sols plastiques, peintures lavables et également métaux (chromes, inox, etc...).

PERFORMANCES DESINFECTANTES

AIRSANE 33 a été testé par :

- Le laboratoire de la Pharmacie Centrale des Hôpitaux de PARIS, selon le protocole de la norme AFNOR NF T 72-151 (détermination de l'activité bactéricide, méthode par filtration sur membrane).
  Conclusion : à la concentration de 1 dose par 4 litres d'eau, **AIRSANE 33 est bactéricide.**
- L'institut PASTEUR, selon le protocole de la norme AFNOR NF T 72-150 (détermination de l'activité bactéricide, méthode par dilution-neutralisation).
  Conclusion : à la concentration de 1 dose par 4 litres d'eau, **AIRSANE 33 est bactéricide.**

PERFORMANCES DETERGENTES

AIRSANE 33 contient un mélange de détergent synthétique non ionique et de composants synergiques. Son pouvoir mouillant élevé permet à **AIRSANE 33** de nettoyer et de dégraisser en profondeur les surfaces traitées.

DESODORISANT AGREABLE

AIRSANE 33 dégage une agréable sensation de fraîcheur persistant après application.

RECOMMANDATIONS

- Comme pour tout désinfectant, ne pas mélanger AIRSANE 33 avec un autre produit.
- Refermer le seau après usage.
- Inutile d'ouvrir les doses.
- Ne pas manipuler les doses avec les mains mouillées.
- Stocker dans un endroit frais et sec.

CARACTERISTIQUES

Dose de couleur verte entièrement soluble dans l'eau.

Composition : Ammoniums quaternaires - Agent de surface non ionique - Adjuvants de détergence synergiques
Complexant - Substances aromatiques naturelles et synthétiques

pH inférieur à 9 à la dilution d'emploi - Taux de biodégradabilité supérieur à 90 % - Poids net d'une dose 14 g

CONDITIONNEMENT

Carton de 8 seaux de 100 doses - Réf. 2512.

ALTERNANCE

Pour les établissements souhaitant procéder régulièrement à un profond nettoyage, EURO-TRAITSOL propose le planning de rotation **AIRSANE 33** et BIB 125, produits détergent en doses solubles.

Cette alternance peut être pratiquée en toute sécurité : la compatibilité de BIB 125 et d'**AIRSANE 33** a été spécialement vérifiée par l'institut de Chimie Analytique de Marseille et elle permet de confirmer la complète activité anti-bactérienne d'**AIRSANE 33** à la concentration recommandée lorsqu'il est appliqué sur des surfaces nettoyées au préalable et sans rinçage avec le produit détergent BIB 125.

EURO TRAITSOL, 18, Avenue Arago - ZI La Vigne aux Loups, 91380 Chilly Mazarin - Tél. 69.34.10.33

Annexe 3

LE FOUR MICRO-ONDES :

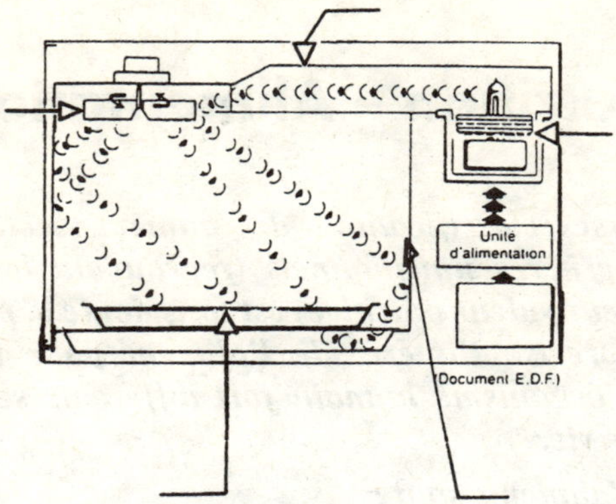

Corrigé

Nutrition – Alimentation

1 - Des diverses classifications des aliments, celle prenant en compte des critères nutritionnels (regroupant les aliments en fonction de leur valeur nutritive) est sans doute la plus pertinente puisqu'elle précise l'intérêt de l'aliment pour répondre aux besoins de l'organisme humain fort différents selon l'âge, les conditions de vie.

Ces groupes d'aliments sont :

– les produits laitiers,
– les viandes, produits de la pêche, œufs,
– les produits céréaliers,
– les corps gras,
– les produits sucrés,
– les boissons.

Parmi ces groupes, celui des produits laitiers présente un intérêt nutritionnel important puisqu'il apporte des protéines, des lipides et des glucides, mais aussi les vitamines liposolubles A et D, la vitamine B12, et surtout un apport en calcium qui peut couvrir les besoins d'une personne.

2 - Le calcium

a - Ses rôles : le calcium et le phosphore entrent dans la composition du tissu osseux. En fait le calcium alimentaire permet aux cellules osseuses (les ostéoblastes) d'assurer en produisant des phosphates, la minéralisation de l'os. Calcium et phosphore participent également au processus de coagulation du sang ainsi qu'à la contraction musculaire et à l'excitabilité des nerfs.

b - Chez les personnes âgées, le calcium assure son rôle dans la coagulation du sang et dans l'excitabilité des muscles et des nerfs.

En revanche, au niveau des os le calcium empêche la décalcification et par conséquent retarde ou évite l'ostéoporose.

c - La vitamine D apportée par l'alimentation régule l'absorption intestinale du calcium et intervient dans le processus de minéralisation.

3 - À partir du document sur les équivalences calciques.

***a** - Comparaison de la valeur nutritionnelle des deux groupes d'aliments du document : les produits laitiers et les fruits et légumes frais.*

	Composants	**Rôles**
produits laitiers	protéines lipides vit B vit D calcium eau	construction cellulaire énergie calorifique métabolisme des glucides fixation de Ca minéralisation de l'os
fruits et légumes frais	fibres eau vit C sels minéraux	transit intestinale élimination anti-infectieux

b - Il est difficile de substituer (remplacer) complètement les produits laitiers par les fruits et légumes frais. Ce dernier groupe d'aliments est très peu riche en calcium et il en faudrait une consommation trop importante. Cependant une substitution partielle des produits laitiers par les fruits et légumes frais est possible.

c - Dans le cas d'une telle substitution, cela peut permettre un apport de calcium chez les personnes n'aimant pas ou ne supportant pas les produits laitiers.

4 - Comportement alimentaire

a - L'article relatif à la consommation de steak haché dénonce le risque de perdre la saveur de l'aliment en ne le mastiquant pas suffisamment : « c'est en mâchant les aliments et en les solubilisant (avec la salive) que l'on libère toutes leurs saveurs. »

b - Les quatre saveurs de base sont :

– la saveur sucrée,
– la saveur salée,
– la saveur amère,
– la saveur acide.

c - Le toucher, le goût, l'odorat.

d - Les cellules réceptrices des bourgeons du goût sont excitées par les molécules présentes dans un aliment. Un influx nerveux se propage le long de la fibre nerveuse jusqu'au cerveau. La sensation est perçue et reconnue par comparaison avec d'autres sensations antérieures. Toutes les molécules ne sont pas des stimuli des bourgeons du goût. Seules les quatre saveurs vues dans la question précédente stimulent ces cellules réceptrices.

e - L'odeur d'un aliment parvient au bulbe olfactif :

– directement par les narines pour les aliments ayant des molécules odorantes,
– indirectement par et grâce à la mastication.

Sciences médico-sociales

1 - Cette question place le candidat dans une situation professionnelle à la crèche. Profitez des périodes de formation en entreprise pour proposer des activités individuelles ou collectives.

Vous devez commencer par analyser la question :

– qui suis-je ? Une élève préparant le BEP carrières sanitaires et sociales.

– où ? Dans une crèche.

– qu'est-ce que l'on me demande ? Des suggestions sur la façon de développer le goût alimentaire des enfants.

– pour qui ? Les enfants de la grande section de la crèche.

– qui demande ? Le personnel de la grande section, l'éducatrice de jeunes enfants, la Directrice.

Vous pouvez proposer des activités ludiques (jeux), des exercices, en dehors des repas, favorisant la mise en jeu des différents sens : toucher, vue, odorat, goût, ou en les associant.

Mettre en place une mini activité « cuisine », faire une promenade au marché, utiliser des catalogues de fruits, légumes…

Lors des repas, habituer les enfants à des saveurs différentes :
– sucrées – salées … sans jamais insister quand un enfant refuse (éventuellement y revenir plus tard), ne pas mélanger les saveurs.

2 - a - Le fait qu'un enfant refuse, en collectivité, tous les aliments qui lui sont proposés, peut relever de causes multiples et variées :

– ce peut être pathologique : maladie passagère, une perturbation psychologique (séparation du milieu familial, problèmes dans la famille…),

– les habitudes alimentaires (choix des aliments, leur présentation, leur cuisson…) sont différentes de la maison.

b - Il ne peut exister une solution idéale. Une rencontre avec l'ensemble des personnes qui sont en contact avec cet enfant est indispensable : parents, personnel de la crèche… de manière à identifier si d'autres troubles relatifs au comportement se manifestent. Recherche des causes possibles.

Rencontre avec les parents, essayer de prendre avec eux une décision. Rencontre avec le pédiatre, essayer de faire venir un des parents à des moments de la journée à la crèche et surtout pendant les repas.

3 - Pour entrer en collectivité, certaines vaccinations sont obligatoires :

– vaccination diphtérique (contre la diphtérie),
– vaccination tétanique (contre le tétanos),
– vaccination poliomyèlitique (contre la poliomyélite),
– B.C.G. (contre la tuberculose).

D'autres sont conseillées :

– le R.O.R. (contre la rougeole, les oreillons, la rubéole),
– le vaccin anti-coquelucheux (contre la coqueluche),
– vaccin contre la méningite.

Le plus souvent certains de ces vaccins sont associés exemple le DT Coq polio (antidiphtérique-antitétanique-anticoquelucheux-antipoliomyélitique). Un vaccin pentavalent associant la vaccination diphtérique, tétanique, coqueluche, poliomyélite et méningite est actuellement utilisé pour la vaccination des jeunes enfants.

4 - Bilan de santé

a - Caractéristiques générales d'un bilan de santé :

C'est un examen de dépistage réservé à l'assuré social et aux ayants droit. Il est gratuit et il est effectué tous les cinq ans. Ce bilan de santé est assuré dans les centres spécialisés de la Sécurité sociale.

b - Parmi les examens effectués lors d'un bilan de santé, on peut citer :

– un examen de sang (dépistage d'une hypercholestérolémie, du diabète…),
– un électrocardiogramme,
– une analyse d'urine,
– un contrôle du poids…

5 - a - L'assuré social : celui qui cotise pour avoir droit à une couverture sociale. Il doit justifier d'une activité d'une durée suffisante, donc se trouver dans une situation qui implique un rattachement au régime général de la Sécurité sociale. Il doit accomplir les formalités d'immatriculation et d'affiliation (rattachement à une caisse primaire d'assurance maladie en fonction de son lieu de domicile).

b - L'ayant droit : c'est une personne qui est à la charge de l'assuré.

– son conjoint si ce dernier n'est pas lui-même assuré social,
– son concubin s'il est à sa charge effective, totale et permanente,
– ses enfants à charge jusqu'à l'âge de 20 ans.

c - Le numéro d'immatriculation de Monsieur Robert comporte 15 chiffres et signifie qu'il est assuré social.

Il est composé de la manière suivante :

– le premier chiffre indique le sexe : 1 pour les hommes, 2 pour les femmes,
– les deux suivants représentent l'année de naissance : ici 59 pour 1959,
– les deux suivants, le mois de naissance : 01 donc janvier,
– les deux suivants, le département de naissance : 09 pour le lieu,
– les trois autres codent la commune de naissance,
– les trois suivants représentent le numéro d'INSEE,
– les deux derniers le chiffre clé.

d et e - Les prestations

– Prestations en nature : ce sont les remboursements des dépenses engagées par l'assuré ou ses ayants droit pour se soigner (consultations, médicaments, hospitalisation…).
– Prestations en espèce : ce sont des revenus de remplacement auxquels seul l'assuré social peut prétendre. Ces prestations sont versées sous forme d'indemnités journalières qui viennent en compensation de la perte de salaire consécutif à un arrêt de travail dû à l'état de santé de l'assuré.

Biologie humaine – Microbiologie

1 - L'appareil respiratoire

a - Inspiration-expiration

INSPIRATION	EXPIRATION
actif	passif
le diaphragme s'abaisse	le diaphragme se soulève
les poumons se remplissent	les poumons se vident

b - Capacités respiratoires de Monsieur Robert.

Lors de la mesure des capacités respiratoires de Monsieur Robert, les quantités d'air correspondant aux différents temps respiratoires ont été mesurées :
– inspiration normale, expiration normale = 0,5 l : c'est ce qu'on appelle l'air courant ;
– inspiration forcée : en plus de l'air courant, 1,5 l d'air pénètre dans les poumons : c'est l'air de réserve inspiratoire ;
– expiration forcée : en plus de l'air courant, 1,5 l d'air est rejeté : c'est l'air de réserve expiratoire.

En conséquence si à une inspiration forcée on fait suivre une expiration forcée on rejette : 0,5 l + 1,5 l + 1,5 l = 3,5 l. Ces 3,5 l représentent la capacité vitale.

Ici donc le volume d'air contenu dans les poumons de Monsieur Robert :
– après une inspiration normale : 3,5 litres,
– après une inspiration forcée : 5 litres,
– après une expiration normale : 3 litres,
– après une expiration forcée : 1,5 litre.

c - Schéma de l'appareil respiratoire

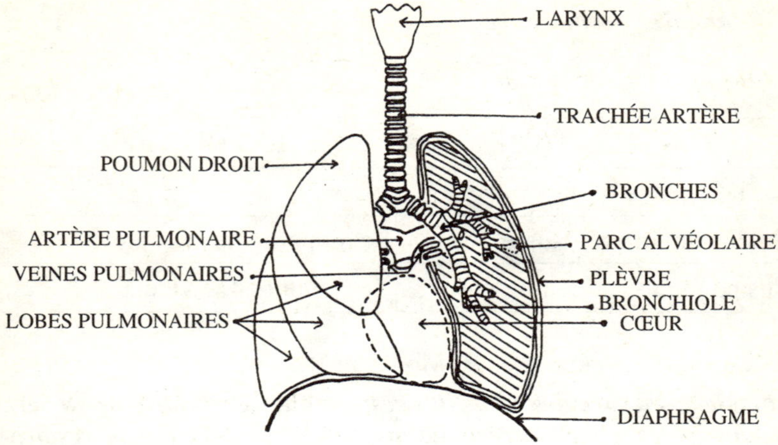

2 - *La tuberculose est de retour*

a - Le document proposé fait référence à une maladie dont le germe responsable est le Bacille de Koch (BK) : il s'agit de la tuberculose.

b - Une maladie à incidence sociale est une maladie qui frappe un nombre considérable d'individus. Elle cause de nombreux décès ou invalidité et elle présente toujours des relations avec le tissu social dans lequel elle se développe. Les conditions de vie, d'alimentation, de travail peuvent présenter des causes déterminantes.

La tuberculose répond à la définition d'une maladie à incidence sociale par sa gravité, sa morbidité, la population importante touchée, un coût social élevé. C'est une maladie qui réapparaît par l'augmentation de la pauvreté et de la précarité.

c - Agent responsable :

• L'agent causal de la tuberculose est un bacille (bactérie qui a la forme d'un bâtonnet), découvert par Koch à la fin du siècle dernier (d'ou son nom BK).

• C'est une bactérie *aérobie*, c'est-à-dire qu'elle a besoin d'oxygène pour se développer.

• La sporulation : quand les conditions ne sont pas favorables au bacille, il peut survivre en gardant fort longtemps ses propriétés. Il se met sous forme de spore.

• Schéma d'une bactérie :

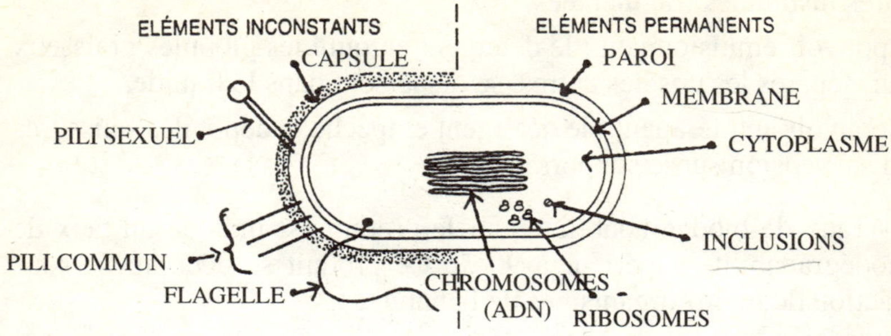

• La couche cirograisseuse correspond à la capsule.

***d et e** - Vaccin antituberculeux*

Le vaccin utilisé contre la tuberculose est le B.C.G. (Bacille de Calmette et Guérin) qui est préparé à partir de bactéries vivantes mais atténuées.

L'injection de bacilles atténuées dans l'organisme va déterminer la production d'anticorps fabriqués par les lymphocytes B. Ces anticorps vont inactiver l'antigène (B.C.G.) pour le rendre inoffensif. L'organisme s'immunise contre l'agent pathogène et sera capable plus tard de se défendre contre cet agent en fabriquant très vite et en grande quantité des anticorps spécifiques : cette mémoire immunitaire est ce qu'on appelle la réaction anamnésique.

Alimentation

1 - Produit d'entretien

a - Ce produit est un détergent bactéricide pour sols et surfaces lavables : il sera utilisé sur les carrelages, les sols plastiques, les peintures lavables, les métaux (chrome, inox).

b - Ce détergent élimine les salissures grasses.

c - Pouvoir mouillant : le détergent (ou les tensio-actifs) diminue la tension superficielle de l'eau et par conséquent augmente la surface de contact avec le support.

Les détergents ont également :

– un pouvoir pénétrant c'est-à-dire que le détergent pénètre dans les salissures et les dissocie,

– un pouvoir dispersant : le détergent met en suspension les salissures insolubles fragmentées,

– pouvoir émulsionnant : le détergent entoure les globules graisseux qui, séparés les uns des autres, se dispersent dans le liquide,

– pouvoir antidérapant : le détergent empêche le dépôt des salissures en suspension sur le support.

d **-** Taux de biodégradabilité : sur le produit est indiqué un taux de biodégradabilité supérieur à 90 %. Ce produit se décompose sous l'action de micro-organismes de la nature.

e **-** Définitions :

– *Désinfection :* opération qui élimine ou fait obstacle à la vitalité des micro-organismes momentanément.

– *Bactéricide :* substance permettant la destruction des bactéries.

– *Synergique :* dans le cas du produit : qui augmente l'efficacité du détergent.

f **-** Conseil d'utilisation du détergent présenté :

– Ne pas mélanger avec un autre produit : risque d'incompatibilité en terme de toxicité mais également d'efficacité annulée.

– Stocker dans un endroit frais et sec : garanti la stabilité.

– Laisser sécher sans rincer : pour faciliter la rémanence.

– Alterner avec un autre produit : évite l'accoutumance des bactéries au produit.

2 - Le four à micro-ondes

a **-** En liaison réfrigérée les temps et les températures qui doivent être respectés lors de la préparation, du stockage, du transport, de la remise en température des plats sont :

– préparation : température de fin de cuisson 65°C à cœur, refroidissement rapide à 3°C (moins de 2 h),

– transport : à 3°C,

– stockage : 3°C pendant 5 jours maximum,

– remise en température à 65°C en 1 h (ici remise en température très rapide puisque individuelle).

b - Schéma du four à micro-ondes :

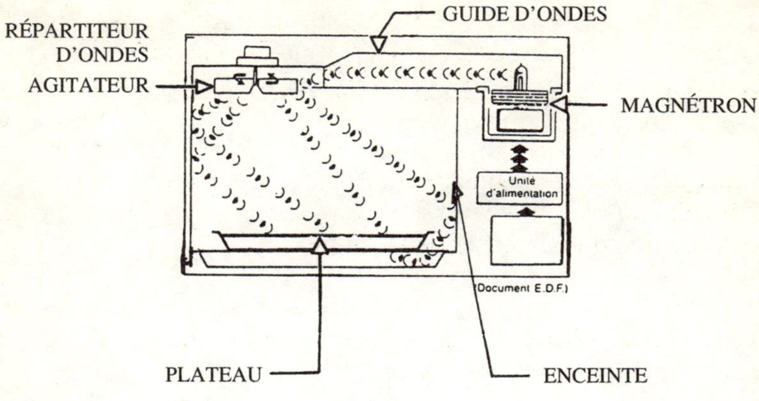

c - Principe de fonctionnement :

Le magnétron produit des micro-ondes guidés jusqu'au répartiteur qui les propulse dans l'enceinte.

Les micro-ondes font vibrer les molécules d'eau et la graisse des aliments. Les frictions ultra rapides engendrent la chaleur dans la cuisson au cœur même de l'aliment.

d - Règles de sécurité :

– branchement de l'appareil à une prise à la terre,
– utiliser des matériaux perméables aux micro ondes (verre, céramique, plastique, papier),
– respecter les temps de réchauffage pour éviter les brûlures,
– ne pas tenter d'ouvrir la porte du four avant la fin de l'utilisation,
– en cas d'incident, s'adresser au spécialiste.

ACADÉMIE DE CLERMONT-FERRAND - BEP CSS 1996

Coefficient : 8 - Durée : 4 h

Sujet 7

Sciences médico-sociales

Travail à faire

Être en bonne santé est la préoccupation essentielle de chacun. C'est aussi une préoccupation sociale et politique. Un devoir de solidarité sociale est reconnu comme nécessaire pour couvrir le risque altération de la santé.
Le droit à la santé figure d'autre part, parmi les grands principes de la Constitution Française.
Préserver la santé des français est présenté comme un des objectifs important de tout programme électoral.

Document :

Années / Pathologies	1980	1987	1990	1992
Cancers	23,7	26,4	27	27,5
Maladies cardio-vasculaires	37,5	35,4	33,2	32,6

- Mortalité - Annuaire des statistiques sanitaires et sociales 1995

Le coût du cancer

Le traitement du cancer (coût des soins)
4 à 5% des dépenses de santé : environ **20 MILLIARDS de FF** (CE. 1990)

Les coûts totaux : environ **100 MILLIARDS de FF** (CE. 1990)
(coûts indirects, arrêts de travail, invalidité, pretium doloris,...)

Traitement des cancers

Poumon :	50 000 FF/an/cas	(A.P. de Paris)
Sein :	37 000 FF/an/cas	(Lancry et Blanchon)

Dépistage

Sein : environ 250 millions de FF par an en France en 1990
soit : environ 190 FF pour la mammographie] par
60 FF pour les frais généraux] examen

(Estimation sous l'hypothèse d'un dépistage organisé selon le modèle du Bas-Rhin avec 50 % de participation des femmes de 50 à 65 ans, soit 860 000 femmes)

Sources : CREDES

<u>Morbidité cancéreuse</u>

Taux d'incidence pour les principales lésions cancéreuses
(pour 100 000 habitants)

Sexe / localisations	Hommes	Femmes
voies aéro-digestives supérieures	48,2	5,1
oesophage	20,2	2,0
estomac	21,7	10,0
intestin, rectum	47,6	32,4
larynx, bronches et poumons	81,4	6,0
sein	-	75,5
utérus	-	30,9
prostate	35,8	-
rein, vessie	32,9	8,4
sang, organes hématopoïétiques	20,6	4,1
autres localisations	61,8	47,7
Total	370,4	232,1

1re PARTIE

À l'aide du document ci-contre :

1 - Définir les mots suivants :

– morbidité
– mortalité

2 - Compléter :

En France, en 1992,

- la première cause de mortalité est ....
- la deuxième cause de mortalité est ....

3 - Nommer la localisation cancéreuse la plus fréquente :

- Chez l'homme
- Chez la femme

4 - Le cancer est une maladie à incidences sociales.

Relever, dans le document, les 3 critères caractérisant une maladie à incidences sociales.

5 - Souligner dans la liste ci-dessous les maladies à incidences sociales.

Coqueluche – grippe – tuberculose – angine de poitrine – hypertension artérielle – varicelle – SIDA – alcoolisme – toxoplasmose – oreillons – rhumatismes – syphilis – gale – infarctus du myocarde – hépatite B – diabète.

6 - Bien souvent le cancer n'est pas une fatalité.

Cocher les facteurs favorisant cette maladie, dans la liste ci-dessous.

☐ l'exposition aux radiations nucléaires
☐ le sport
☐ une alimentation pauvre en fibres
☐ les goudrons de la fumée de cigarette
☐ le vieillissement
☐ l'exposition aux ultra-violets
☐ un rythme de vie régulier
☐ l'absence d'additif chimique
☐ l'exposition à l'amiante
☐ les nitrates de l'eau
☐ les perturbations hormonales

2e PARTIE

Madame Lande est infirmière dans un lycée professionnel de Clermont-Ferrand où elle réside. Elle est atteinte d'un cancer du sein. C'est une affection de longue durée prise en charge à 100 % par son régime de Sécurité sociale. De plus Mme Lande adhère à une mutuelle.

1 - À partir du document ci-joint, nommer le régime de Sécurité sociale dont dépend Mme Lande :

Document :

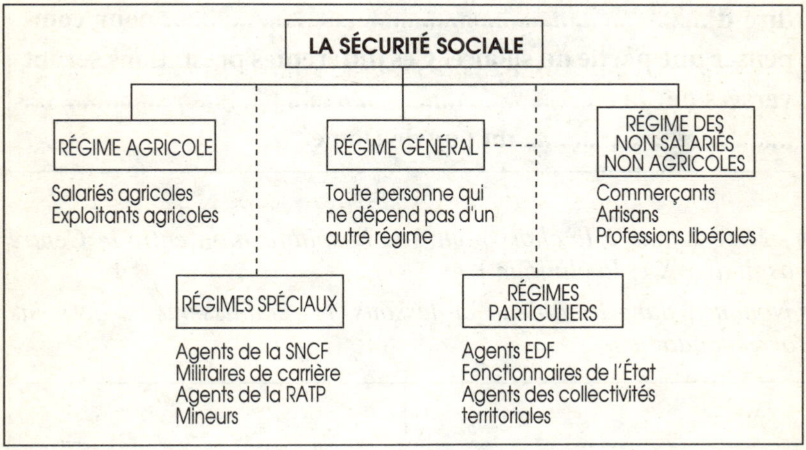

2 - La Sécurité sociale prend en charge le risque maladie. Énoncer les 7 autres risques sociaux pris en charge par cet organisme de protection sociale.

3 - Mme Lande remplit les conditions requises pour bénéficier des prestations de l'assurance maladie.

a *- Dans le texte ci-dessous :*

- *Cocher les réponses exactes.*
- *Compléter les phrases.*

Madame LANDE est assurée sociale □ ayant droit □. **Elle bénéficie des ....** **comme tout assuré □ ou (et) ayant droit □.** **À ce titre, elle est remboursée des frais médicaux engagés.** **Au titre de sa maladie, elle est prise en charge à 100 % par l'assurance maladie donc exonérée du ....** **.. .** **D'autre part, comme tout assuré □ ou (et) ayant droit □, elle bénéficie des .... c'est-à-dire d'... pour compenser une partie du salaire. Ces différentes prestations seront versées par la ....** **...................................... du puy de Dôme.**

b - Mme Lande a le choix pour son hospitalisation entre le Centre hospitalier X et la clinique Y.

• Nommer, dans le tableau ci-dessous, les établissements de soins correspondants.

Établissement public (personne morale de droit public)	Établissement privé (personne morale de droit privé)

• Décoder le sigle S.P.H.

• Indiquer 3 missions du S.P.H.

c - Mme Lande a une grippe. Son médecin lui prescrit un traitement. Tous les frais ne sont pas pris en charge par la Sécurité sociale.
Nommer l'autre organisme de protection sociale qui intervient dans cette situation.

4 - Le secret professionnel est un principe fondamental de la médecine quelle qu'en soit la forme d'exercice, et plus largement de toute profession de santé.

Document :

ARTICLE 226-13
DU CODE PÉNAL

« La révélation d'une information à caractère secret par une personne qui en est dépositaire soit par état soit par profession, soit en raison d'une fonction ou d'une mission temporaire, est punie d'un an d'emprisonnement et de 100 000 F d'amende ».

ARTICLE 226-14
DU CODE PÉNAL

« L'article 226-13 n'est pas applicable dans le cas où la loi impose ou autorise la révélation du secret. En outre, il n'est pas applicable :

1° A celui qui informe les autorités judiciaires, médicales ou administratives de sévices ou privations dont il a eu connaissance et qui ont été infligées à un mineur de quinze ans ou à une personne qui n'est pas en mesure de se protéger en raison de son âge ou de son état physique ou psychique :

2° Au médecin qui, avec l'accord de la victime, porte à la connaissance du procureur de la République les sévices qu'il a constatés dans l'exercice de sa profession et qui lui permettent de présumer que des violences sexuelles de toute nature ont été commises. »

***a** - Mme Lebras, après avoir rendu visite à Mme Lande, rencontre Marie, une aide soignante du service. Celle-ci est une camarade d'enfance.*

– Compléter le tableau suivant.
– Cocher la ou les réponses de Marie, aide-soignante, respectant le secret et la discrétion professionnels.

RÉPONSES DE MARIE	JUSTIFICATION
☐ C'est vrai je la trouve bien fatiguée. Elle est moins bien qu'hier, mais tu devrais t'adresser à la surveillante.	
☐ Je ne sais pas très bien le nom de la maladie, mais c'est sérieux.	
☐ Elle est très mal. On a appelé sa famille.	
☐ Les informations sur son état de santé ne peuvent être communiquées que par le médecin, la surveillante.	

***b** - Relever dans le document une situation pour laquelle le secret professionnel n'est pas appliqué.*

Biologie

1 - Le cancer est une maladie de la cellule

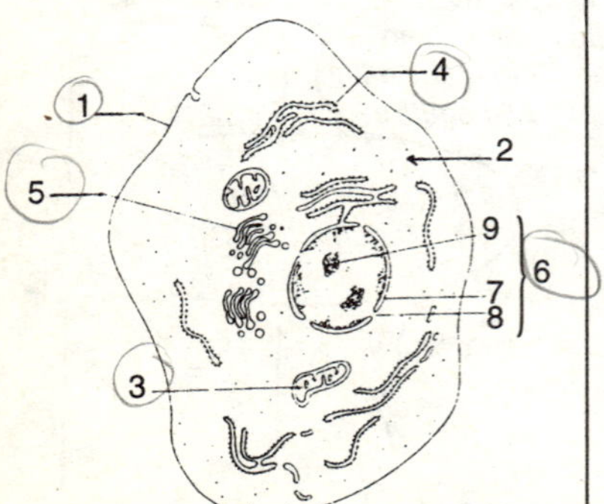

Cellule animale normale

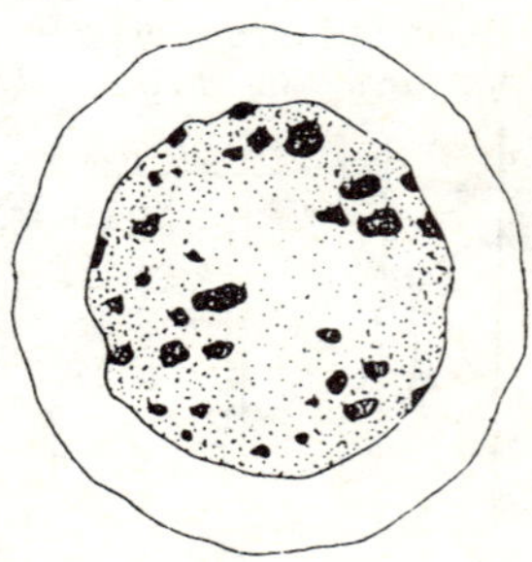

Cellule cancéreuse

a - *Indiquer le nom de chaque élément de la cellule animale dans le tableau ci-dessous.*

b - *Préciser le rôle des éléments définis par les numéros 1, 3, 4, 5, 6.*

N°	Éléments de la cellule	Rôles
1		
2		
3		
4		
5		
6		
7		
8		
9		

c - *Indiquer 4 caractéristiques de la cellule cancéreuse à l'aide du schéma proposé et de vos connaissances.*

2 - *Observer les 2 tissus ci-dessous.*

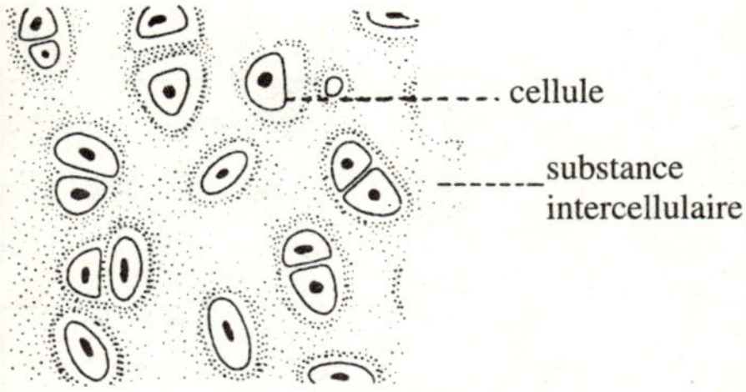

Document 1

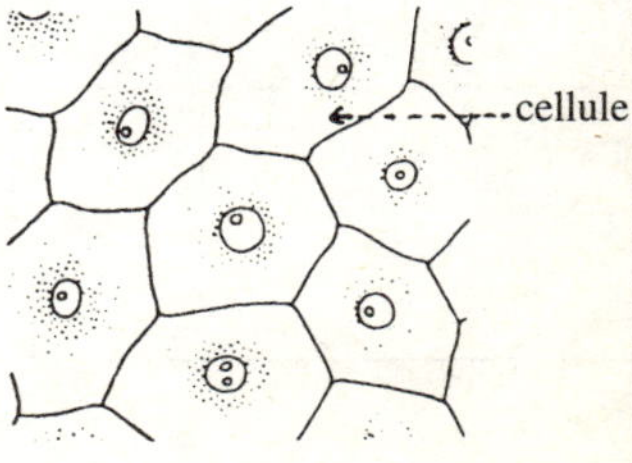

Document 2

a - Définir un tissu

b - Compléter le tableau suivant où vous indiquerez :

– Le type de tissu représenté sur chaque document.
– La caractéristique principale de chaque tissu.
– Un exemple de tissu humain appartenant à chaque type.

	Document 1	**Document 2**
Type de tissu		
Caractéristique principale		
Exemple de tissu		

3 - Quel que soit le cancer, la maladie évolue toujours en plusieurs stades.

a - Nommer les 2 étapes manquantes dans le tableau.

b - Expliquer chacune des étapes de l'invasion de l'organisme par les cellules cancéreuses.

Étapes d'invasion des cellules cancéreuses	**Explications**
1 : Apparition d'une cellule cancéreuse	
2 :	
3 :	
4 : Cancer généralisé	

4 - *D'autres maladies ont aussi leur origine dans un « défaut » de la cellule. Lire le document ci-dessous.*

La myopathie ou maladie de Duchenne

DOC : La découverte du gêne responsable de la maladie de Duchenne débute véritablement en 1979 aux Etats Unis. Cette année là le gêne est localisé dans la région médiane du bras court du chromosome X, un petit fragment de ce chromosome étant transféré sur un autre chromosome.
On estime qu'il y a en France entre 30 000 et 50 000 myopathes. Les maladies neuro-musculaires extrêmement variées et souvent mal connues sont parfois bénignes, parfois extrêmement graves comme ***la myopathie de Duchenne.***
Cette maladie du garçon est transmise par la mère. La mère conductrice a un risque sur deux de mettre au monde un enfant myopathe.
Elle débute avant 4 ans par des troubles de la marche et une atrophie musculaire. L'évolution se fait vers une impotence progressive, voire une issue fatale vers 20 à 25 ans.
Les dangers sont cardiaques et respiratoires. Une kinésithérapie adaptée peut retarder l'atrophie des muscles sains et empêcher l'apparition de rétraction musculo-tendineuse. La chirurgie contribue au traitement des déformations. Pour lutter contre les rétractions respiratoires, on a recours à la ventilation, une demi-heure chaque jour ou par masque pendant la nuit. Parfois aussi, on installe à domicile un appareillage important, ce qui est un avantage psychologique pour le patient qui bénéficie d'une vie affective normale et d'une autonomie ventilatoire qui permet même des promenades sur fauteuil roulant.
Il faut éviter au maximum l'isolement et l'impression d'une trop grande dépendance, scolariser les enfants et, dans la mesure du possible, les adultes à évolution lente, doivent pouvoir exercer une profession.

a - *Préciser à quel type de maladie appartient la myopathie. Citer une autre maladie de ce type.*

b - *Retrouver dans le texte, l'élément responsable de cette maladie.*

c - *Annoter le schéma d'un chromosome.*

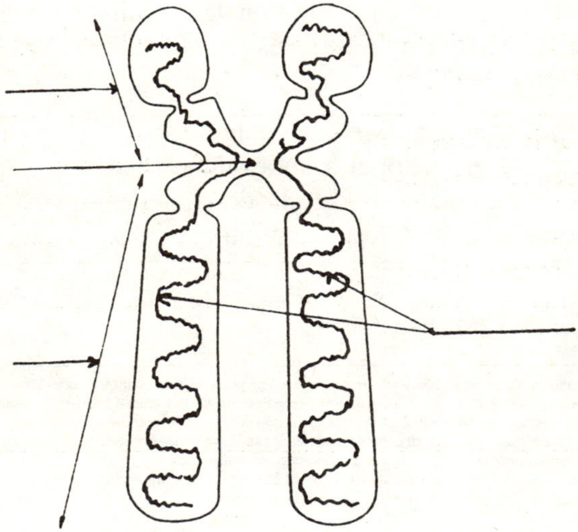

Structure d'un chromosome

d - *Définir un gène.*

e - *Énumérer 3 symptômes de cette maladie.*

Microbiologie

L'organisme se défend contre l'agresseur grâce à plusieurs mécanismes mettant en jeu des cellules et des mécanismes bien spécifiques.

1 - Compléter le texte ci-dessous mettant en évidence les différents acteurs de ce phénomène, et leurs rôles respectifs.

> « Notre organisme est la proie fréquente de micro-organismes pathogènes, mais il a des moyens de défense grâce à son système .... qui agit en deux temps.
>
> – Si les barrières naturelles que sont .... et .... sont franchies par un microbe, il prolifère ce qui entraîne dans un premier temps une réaction .... qui se manifeste notamment par une .... due à une vasodilatation, un .... dû au passage des .... à travers la paroi des capillaires pour se rendre sur le lieu de l'infection. Ce phénomène porte le nom de .... Il existe aussi une .... due à l'excitation des terminaisons nerveuses. Arrivés sur le lieu de l'infection, les .... éliminent les microbes par ....
>
> – Cette première ligne de défense parfois ne suffit pas. L'organisme fait alors appel à un système de défense spécifique assurée par .... qui sécrètent des .... C'est l'immunité ....

2 - À l'assaut de l'homme !

> **<u>Documentation</u>** : Le monde fourmille de formes vivantes que nous ne pouvons découvrir qu'à l'aide du microscope : ce sont les micro-organismes ou protistes. Cette observation au microscope permet de distinguer 3 groupes de micro-organismes :
>
> - Les protozoaires, animaux unicellulaires dont certains, non pathogènes vivent dans les eaux riches en matières organiques des lacs (paramécies) et d'autres au contraire sont les agents de certaines maladies (toxoplasmose).
> - Les champignons microscopiques tels que les levures et les moisissures.
> - Les bactéries, dont la structure est très simple, peuvent être utiles à l'homme ou pathogènes. Parmi les maladies infectieuses provoquées par les bactéries citons la tuberculose, la coqueluche.....
>
> Les virus, beaucoup plus petits que les bactéries, ne sont visibles qu'au microscope électronique. A la différence des bactéries, il ne peuvent se reproduire qu'àl 'intérieur de cellules animales ou végétales qu'ils réussissent à envahir. Les maladies à virus les plus connues sont la grippe, les oreillons, le Sida.

a - Définir les termes suivants :
– Pouvoir pathogène
– Microbe saprophyte

b - *Dans le tableau ci-dessous, entourer la ou les bonnes réponses qui permettent de comparer une bactérie et un virus.*

	Structure	**Relation avec le milieu**	**Mode de vie**
BACTÉRIE	– Forme de bâtonnet – Possède un noyau complet – Noyau réduit à un filament d'A.D.N. – Petit – Infiniment petit – Possède une capside	– Parasite – Pathogène – Saprophyte	– Se divise par bourgeonnement – Se divise par scission – Ne se divise que dans une cellule – Est détruite par des antibiotiques
VIRUS	– Forme de bâtonnet – Possède un noyau complet – Noyau réduit à un filament d'A.D.N. – Petit – Infiniment petit – Possède une capside	– Parasite – Pathogène – Saprophyte	– Se divise par bourgeonnement – Se divise par scission – Ne se divise que dans une cellule – Est détruit par des antibiotiques

3 - Lorsque les conditions sont favorables, les bactéries se multiplient.

a - *Indiquer 3 paramètres, avec des valeurs précises s'il y a lieu, qui favorisent la croissance bactérienne.*

b - *Observer la courbe de croissance bactérienne en milieu non renouvelé.*

Citer les 4 phases caractéristiques de la croissance bactérienne et expliquer chacune de ces phases.

Courbe de croissance bactérienne en milieu non renouvelé

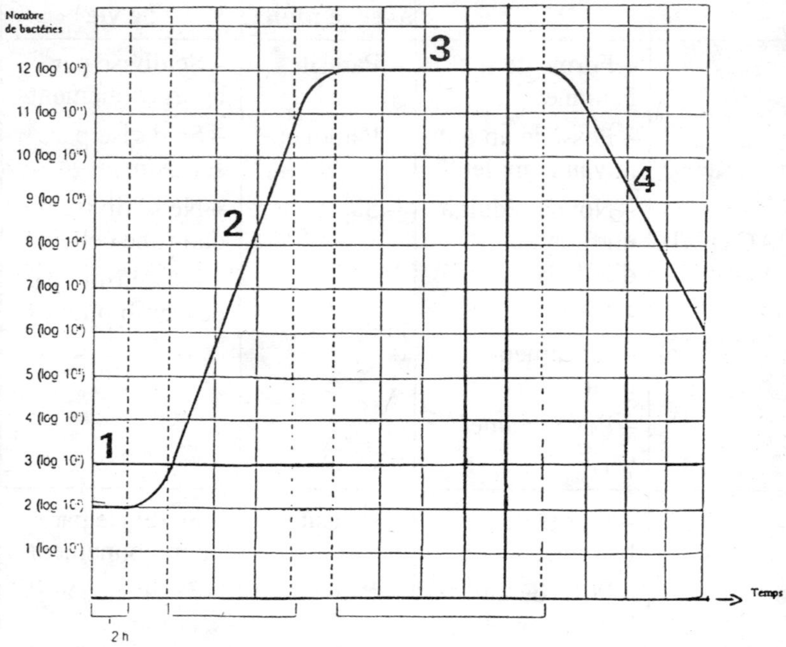

Nutrition

Document 1 : **REGIME ALIMENTAIRE ET CANCER.**

Comme de nombreux éléments du mode de vie, il est certain que les facteurs alimentaires jouent un rôle dans l'apparition d'un cancer. La plupart des ouvrages de cancérologie donnent même le chiffre de 30 % (alcool inclus) de l'ensemble des cancers, qui auraient leur cause dans des facteurs alimentaires. (...)

C'est ainsi que les graisses animales paraissent être un facteur de risque sérieux, ainsi que certains types de conserves à base de salaisons, de marinades ou de produits fumés. La cuisson des aliments joue aussi un rôle encore insuffisamment documenté, en particulier l'exposition directe à la flamme et à la braise : les barbecues seraient ainsi des pourvoyeurs de cancers, par l'intermédiaire des goudrons qu'ils distillent sur les viandes à griller, et qui proviennent de la combustion des graisses animales. Le mode de cuisson le plus "sain" serait alors la vapeur.

Inversement, certains aliments seraient plutôt bénéfiques. Des facteurs alimentaires contribueraient à renforcer les défenses de l'organisme contre le cancer, les vitamines A, E, C, D et des composants naturels présents dans les végétaux ainsi que des minéraux comme : le calcium, le sélénium et les fibres alimentaires. D'où l'une des recommandations du code européen : consommer plus de fruits et de légumes frais

Extrait de la revue "LA SANTE DE L'HOMME"

1 - Relever, dans le document ci-dessus, l'aliment qui représente un facteur de risque important dans l'apparition du cancer.

2 - Les lipides sont composés d'acides gras.
Citer les deux grandes catégories d'acides gras et préciser dans quels corps gras on les trouve en grande quantité.

3 - En déduire la catégorie d'acides gras favorisant l'apparition des cancers.

4 - Citer une autre maladie favorisée par ces mêmes acides gras.

5 - Certaines vitamines renforcent les défenses de l'organisme contre le cancer.
Pour chacune des vitamines du tableau ci-dessous, citer un rôle nutritionnel dans l'organisme ainsi qu'un aliment les contenant.

Vitamines	**Rôles nutritionnels**	**Aliments les contenant**
Vitamine A		
Vitamine C		
Vitamine D		

6 - Les fibres alimentaires jouent également un rôle dans la prévention des cancers.
Indiquer le dysfonctionnement digestif qu'elles peuvent aussi prévenir.

7 - Relever, dans le document 1, les aliments riches en fibres.

8 - Indiquer les conséquences nutritionnelles de la cuisson à la vapeur sur ces aliments (aliments cités à la question précédente).

9 - Citer d'autres aliments contenant des fibres.

10 - Le déjeuner du restaurant d'entreprise se compose de :
– Pâté de foie
– Steak - Frites
– Chou chantilly
– Pain
– Vin

a - *Énumérer, dans le tableau de la page suivante, les groupes d'aliments présents dans ce repas.*

	Groupes d'aliments
Pâté de foie	
Steak	
Frites	
Chou chantilly	
Pain	
Vin	

b *- Indiquer si le repas est équilibré. Justifier votre réponse.*

c *- Si le menu n'est pas équilibré, proposer les modifications nécessaires.*

Technologie des équipements

1 - Dans tous les réfrigérateurs à compression, on trouve les éléments suivant : – compresseur, – évaporateur, – condenseur, – thermostat.

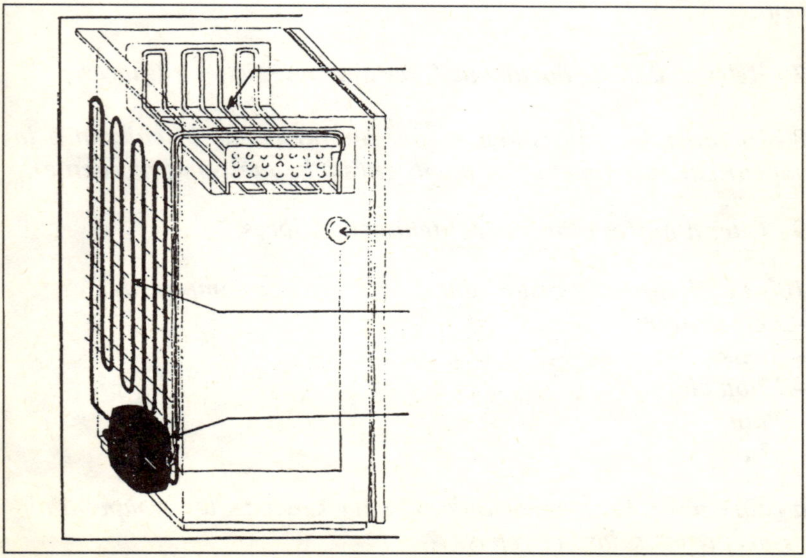

a - *Replacer chacun des éléments cités sur le schéma de la page précédente.*

b - *Donner la fonction des éléments suivants :*

Éléments	**Fonctions**
Évaporateur	
Condenseur	
Thermostat	

c - *Compléter le schéma ci-dessous en proposant une place pour chaque denrée suivante :*

– Épinards surgelés, – poisson frais, – rôti de bœuf cru, – reste de gratin de courgettes, – salade, – beurre, – œufs, – yaourts.

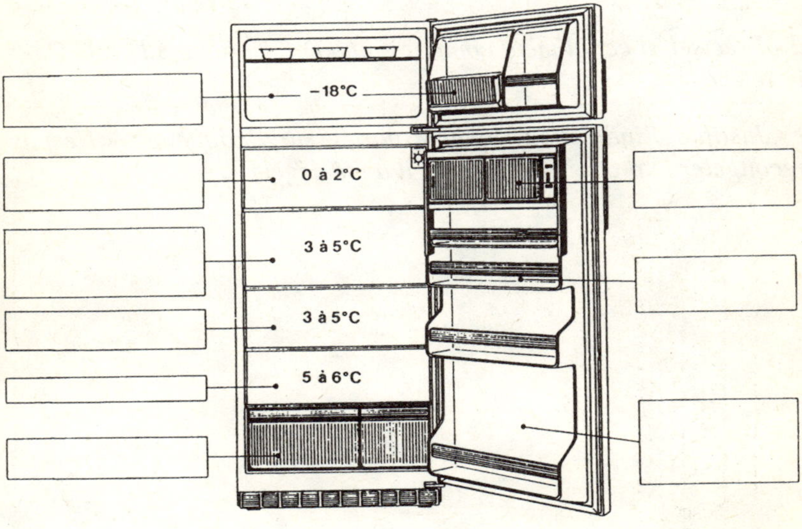

d - *Formuler cinq recommandations pour une bonne utilisation du réfrigérateur.*

2 -

a *- Indiquer à quelle gamme de produits appartient l'aliment présenté ci-dessus.*

b *- Retrouver trois informations obligatoires et absentes sur cette étiquette.*

c *- Donner la signification des sigles suivants :*
– D.L.C.
– D.L.U.O.

d *- Préciser si cet aliment comporte une D.L.C. ou une D.L.U.O. et la relever.*

e *- Justifier l'indication suivante portée sur l'étiquette : « Ne pas recongeler le produit une fois qu'il a été dégelé ».*

Corrigé

Sciences médico-sociales

1re PARTIE

1 - Définitions

– La morbidité (morbus = maladie) d'une maladie se rapporte au nombre de personnes malades.

Il faut distinguer deux indices de morbidité :

– La prévalence qui est le nombre de personnes atteintes par une maladie dans une population donnée sans distinguer les cas nouveaux et anciens.

– L'incidence qui est le nombre de personnes qui contractent la maladie au cours d'une période donnée.

Ces indices sont exprimés sous forme de taux :

$$\textit{taux de prévalence} : \frac{\textit{nombre de personnes malades}}{\textit{population étudiée}}$$

taux d'incidence :

$$\frac{\textit{nombre de cas nouveaux apparus pendant une période donnée}}{\textit{population au milieu de cette période}}$$

Ici dans le document sur la morbidité cancéreuse, il était donné le taux d'incidence pour les principales lésions cancéreuses.

– La mortalité se rapporte au nombre de personnes atteintes de la maladie et décédées. C'est le rapport entre le nombre de décès pendant une période et la population au milieu de l'année.

Dans le premier document on peut voir que la mortalité par cancer en 1992 est de 27,5 c'est-à-dire le nombre de personnes décédées par cancer en 1992 sur la population au milieu de l'année 1992.

2 - La cause principale de mortalité en France en 1992, d'après le tableau proposé, concerne les maladies cardio-vasculaires. La deuxième cause de mortalité est le cancer.

3 - La fréquence des cancers des voies aéro-digestives supérieures (larynx, bronches, poumons) semble d'après le tableau être la plus élevée chez l'homme. Pour les femmes c'est le cancer du sein qui est le plus fréquent.

***4* - Une maladie à incidence sociale est une maladie qui frappe un nombre considérable d'individus. Elle cause de nombreux décès ou invalidité et elle présente toujours des relations avec le tissu social dans lequel elle se développe. Les conditions de vie, d'alimentation, de travail peuvent présenter des causes déterminantes.**

Le cancer répond à la définition d'une maladie à incidence sociale : dans le document proposé, relatif au cancer, il est précisé une mortalité et une morbidité importante, et un coût social élevé.

5 - Compte tenu de ce qui vient d'être dit, la liste proposée présentait des maladies à incidence sociale telles que :

– la tuberculose,
– l'angine de poitrine,
– l'hypertension artérielle,
– le SIDA,
– l'alcoolisme,
– les rhumatismes,
– la syphilis,
– l'infarctus du myocarde,
– l'hépatite B,
– le diabète.

***6* - Facteurs favorisant le cancer**

☒ l'exposition aux radiations nucléaires
☐ le sport
☒ une alimentation pauvre en fibres
☒ les goudrons de la fumée de cigarettes
☒ le vieillissement
☒ l'exposition aux ultra-violets
☐ un rythme de vie régulier
☐ l'absence d'additif chimique
☒ l'exposition à l'amiante
☒ les nitrates de l'eau
☒ les perturbations hormonales

2e PARTIE

1 - Madame Lande, infirmière dans un établissement scolaire bénéficie d'un régime particulier de la Sécurité sociale en tant que fonctionnaire.

2 - Certains événements ont des conséquences économiques dans la vie d'un individu (diminution de ses revenus et/ou augmentation de ses dépenses). C'est ce qu'on appelle le risque social. Le risque maladie est pris en charge par la branche maladie de la Sécurité sociale.

De la même façon elle prend en charge les conséquences pécuniaires des risques maternité, invalidité, décès, accident du travail et de trajet, maladies professionnelles.

Le système de protection sociale prend également en compte les risques tels que la vieillesse (branche assurance vieillesse de la Sécurité sociale), les charges occasionnées par la présence d'enfants (branche allocations familiales).

3 - Les prestations

a -

Madame LANDE est assurée sociale ☒ ayant droit ☐.
Elle bénéficie des *prestations en nature* comme tout assuré ☒ ou (et) ayant droit ☒.
À ce titre, elle est remboursée des frais médicaux engagés.
Au titre de sa maladie, elle est prise en charge à 100 % par l'assurance maladie donc exonérée du *ticket modérateur*.
D'autre part, comme tout assuré ☒ ou (et) ayant droit ☒, elle bénéficie des *prestations en espèces* c'est-à-dire d'*indemnités journalières* pour compenser une partie du salaire.
Ces différentes prestations seront versées par la *caisse primaire d'assurance maladie* du puy de Dôme.

b -

Le centre hospitalier	La clinique
Établissement public (personne morale de droit public)	Établissement privé (personne morale de droit privé)

• Le Service Public Hospitalier (SPH) a une mission de diagnostic et de soins. Il assure le service d'aide médicale urgente, participe à l'enseignement universitaire et post-universitaire, à la formation continue des praticiens, à la recherche, ainsi qu'aux actions médico-sociales, à la prévention et à l'éducation pour la santé.

c - Madame Lande n'est pas intégralement remboursée des frais. Il est indiqué dans le cas donné par le sujet que madame Lande adhère à une mutuelle (groupement de droit privé dont l'adhésion est facultative). En conséquence c'est cette mutuelle qui permet, entre autre, une couverture sociale complémentaire à l'assurance maladie de la Sécurité sociale et donc lui permet ici de percevoir un complément des frais non intégralement remboursés par la Sécurité sociale.

4 - Le secret professionnel

a -

	RÉPONSES DE MARIE	JUSTIFICATION
☐	C'est vrai je la trouve bien fatiguée. Elle est moins bien qu'hier, mais tu devrais t'adresser à la surveillante.	Indiscrétion professionnelle
☐	Je ne sais pas très bien le nom de la maladie, mais c'est sérieux.	Non-respect du secret professionnel
☐	Elle est très mal. On a appelé sa famille.	Indiscrétion professionnelle
☒	Les informations sur son état de santé ne peuvent être communiquées que par le médecin, la surveillante.	Secret professionnel respecté

b - L'article 226-14 du code pénal indique les cas dans lesquels le secret professionnel n'est pas applicable, notamment dans le cas de maltraitance sur les mineurs de moins de quinze ans et sur personnes non en mesure de se protéger.

Biologie

1 - Cellule animale normale

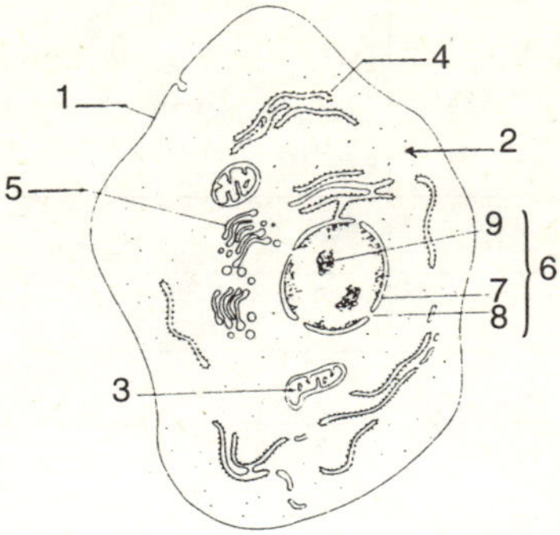

a et b :

N°	Éléments de la cellule	Rôles
1	Membrane plasmique	Elle assure et contrôle les échanges entre le milieu intracellulaire et le milieu extracellulaire. *Elle est constituée d'une double couche de phospholipides dans laquelle s'insèrent des molécules protéiques.*
2	Cytoplasme	
3	Mitochondrie	Constitue la principale source d'énergie de la cellule. C'est le lieu des réactions de dégradation des molécules conduisant à la production d'énergie.
4	Réticulum endoplasmique	Réseau de sacs et de tubes à une membrane. Des granulations (les ribosomes) sont placées sur sa surface. C'est un lieu de synthèse de certaines protéines.
5	Appareil de Golgi	Intervient dans la synthèse des protéines dans la cellule. .../...

N°	Éléments de la cellule	Rôles
6	Noyau	Porte l'information génétique de l'espèce. Cette information se présente sous forme de chromatine (9) qui se transforme en chromosomes lors de la division cellulaire.
7	Membrane nucléaire	
8	Pore	
9	Chromatine	

c - La cellule cancéreuse :

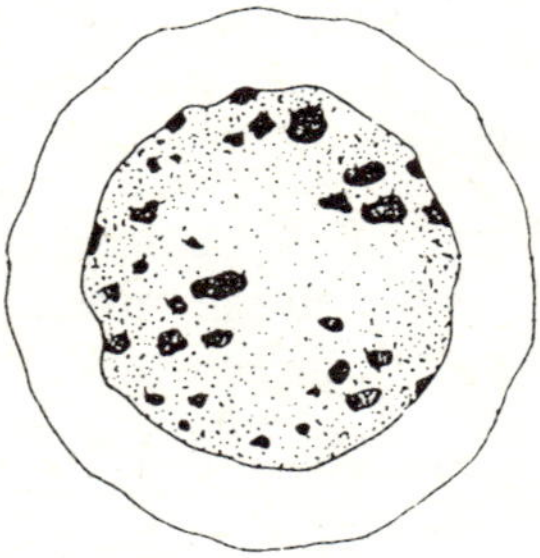

La cellule cancéreuse à des caractéristiques très variables suivant le type de cancer. Le schéma proposé montre les caractéristiques suivantes :

– le noyau est très volumineux avec des contours irréguliers (il arrive parfois que l'on observe plusieurs noyaux au sein d'une même cellule),

– peu de cytoplasme,

– membrane nucléaire épaisse,

– division cellulaire anarchique et accélérée.

Parfois on note :

– un nombre anormal de chromosomes (ex. : la leucémie est un chromosome surnuméraire),

– les chromosomes sont « collants » (les chromatides ne peuvent pas se séparer).

2 - Les tissus

a - Un tissu est un ensemble de cellules similaires assurant la même fonction.

On distingue dans le corps humain 4 types de tissus, chacun ayant une fonction particulière :

– les tissus conjonctifs,
– les tissus épithéliaux,
– le tissu musculaire,
– le tissu nerveux.

b -

Document 1

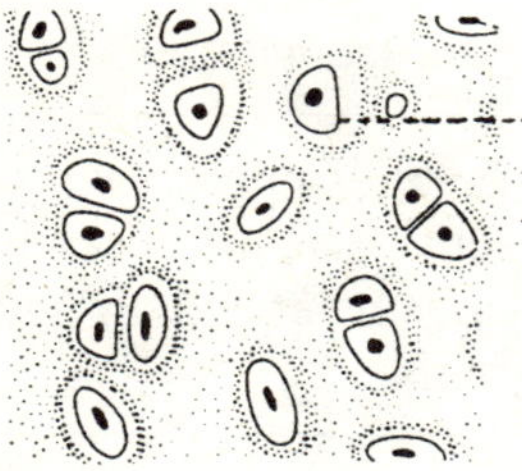

Ce document représente un tissu de type conjonctif. C'est un tissu de soutien, de circulation et d'échange. Les cellules sont dispersées, isolées, dans une substance interstitielle. Le sang est un exemple de tissu conjonctif.

Document 2

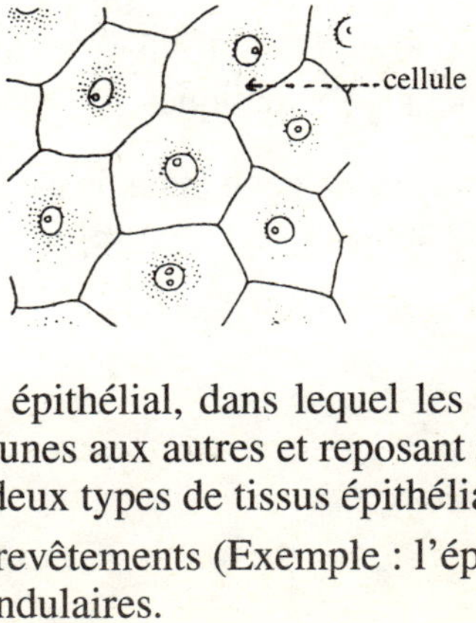

Il représente un tissu épithélial, dans lequel les cellules sont jointives, juxtaposées les unes aux autres et reposant sur une membrane basale. On distingue deux types de tissus épithéliaux (épithélium) :

– Les épithéliums de revêtements (Exemple : l'épiderme).
– Les épithéliums glandulaires.

3 - Les étapes du cancer

Étapes d'invasion des cellules cancéreuses	Explications
1 : Apparition d'une cellule cancéreuse	
2 : Tumeur locale	La cellule cancéreuse se multiplie très rapidement. Ces divisions accélérées vont constituer une tumeur locale.
3 : Tumeurs secondaires	De cette tumeur locale, des cellules migrantes vont pouvoir coloniser d'autres organes et provoquer des tumeurs secondaires.
4 : Cancer généralisé	Ces cellules migrantes peuvent envahir l'ensemble de l'organisme et aboutir à un cancer généralisé.

4 - La maladie de Duchenne

a - La myopathie (dystrophie musculaire) de Duchenne est une maladie rare et grave (1 cas sur 5 000). C'est une maladie héréditaire liée au sexe.

La chorée de Huntington (mouvements incontrôlés et troubles mentaux dus à une détérioration des fonctions motrices et psychiques) touche 1 cas sur 20 000, la phénylcétonurie, le favisme, la mucoviscidose… sont des maladies génétiques.

b - L'élément responsable de cette maladie est un gène localisé sur le chromosome X. Un fragment du chromosome X est transféré sur un autre chromosome.

c - Schéma d'un chromosome.

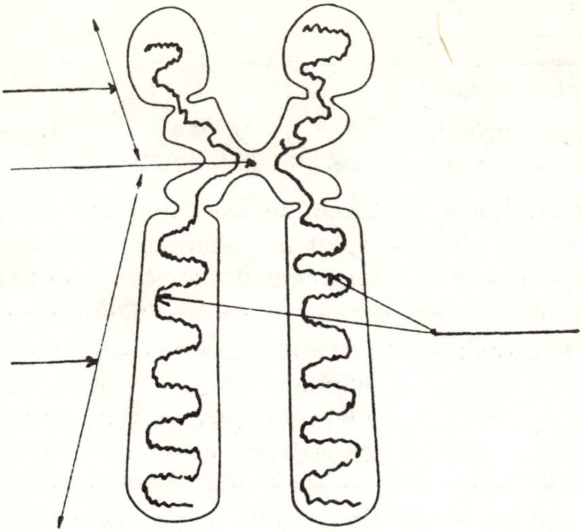

Structure d'un chromosome

d - Un gène est un gragment de chromosome. C'est une unité de fonction qui est un fragment d'ADN. Le gène est responsable du déterminisme d'un caractère.

e - Symptômes de la maladie de Duchenne : Atrophie musculaire (dégénérescence des fibres musculaires), qui entraîne :

– troubles de la marche et de la posture,
– impotence progressive.

Microbiologie

1 -

> « Notre organisme est la proie fréquente de micro-organismes pathogènes, mais il a des moyens de défense grâce à son système *immunitaire* qui agit en deux temps.
>
> – Si les barrières naturelles que sont *la peau* et *les muqueuses* sont franchies par un microbe, il prolifère, ce qui entraîne dans un premier temps une réaction *inflammatoire* qui se manifeste notamment par une *rougeur* due à une vasodilatation, un *œdème* dû au passage des *polynucléaires* à travers la paroi des capillaires pour se rendre sur le lieu de l'infection. Ce phénomène porte le nom de *diapédèse*. Il existe aussi une *douleur* due à l'excitation des terminaisons nerveuses. Arrivés sur le lieu de l'infection, les *polynucléaires et ensuite les macrophages* éliminent les microbes par *phagocytose*.
>
> – Cette première ligne de défense parfois ne suffit pas. L'organisme fait alors appel à un système de défense spécifique assurée par *les lymphocytes B* qui sécrètent des *anticorps ou immunoglobulines*. C'est l'immunité *spécifique (et plus particulièrement l'immunité humorale)*.

2 - À l'assaut de l'homme !

a *- Définition*

– Pouvoir pathogène : les agents infectieux et parasitaires déclenchent des manifestations pathologiques : ce sont des agents pathogènes.

– Microbe saprophyte : les micro-organismes saprophytes vivent dans l'organisme sans toutefois provoquer de troubles.

b - Comparaison bactérie virus

	Structure	**Relation avec le milieu**	**Mode de vie**
BACTÉRIE	– Forme de bâtonnet – Possède un noyau complet – Noyau réduit à un filament d'A.D.N. – Petit – Infiniment petit – Possède une capside	– Parasite – Pathogène – Saprophyte	– Se divise par bourgeonnement – Se divise par scission – Ne se divise que dans une cellule – Est détruite par des antibiotiques
VIRUS	– Forme de bâtonnet – Possède un noyau complet – Noyau réduit à un filament d'A.D.N. – Petit – Infiniment petit – Possède une capside	– Parasite – Pathogène – Saprophyte	– Se divise par bourgeonnement – Se divise par scission – Ne se divise que dans une cellule – Est détruit par des antibiotiques

3 - Conditions favorables à la multiplication des bactéries

a - Paramètres favorisant la croissance bactérienne :

– température,
– humidité,
– PH voisin de la neutralité.

b - Phases caractéristiques de la croissance bactérienne

Courbe de croissance bactérienne en milieu non renouvelé

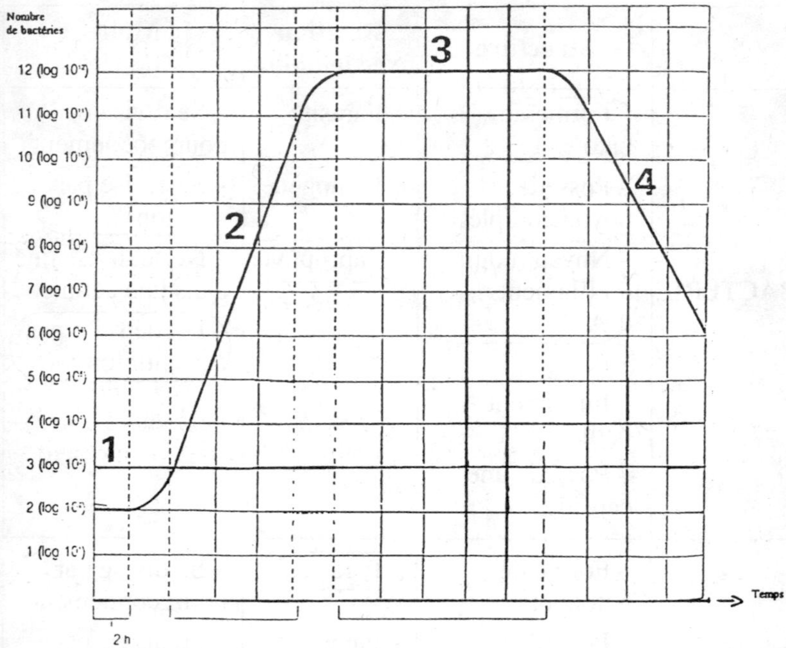

N°	Nom de la phase	Explication
1	Phase de latence	Adaptation des bactéries au milieu dans lequel elles sont.
2	Phase de croissance	Multiplication des bactéries.
3	Phase stationnaire	Le milieu tend à s'épuiser. Apparition de déchets toxiques et arrêt de la croissance des bactéries.
4	Phase de déclin	Diminution progressive de la reproduction des bactéries due à l'épuisement du milieu.

Nutrition

1 - Dans le document proposé les graisses animales sont un facteur de risque dans l'apparition de cancers.

2 - On peut classer les acides gras en deux grandes catégories :

– **Les acides gras saturés** (comme l'acide palmitique).

Leur consistance dépend du nombre de carbones de leur chaîne. Au-delà de huit carbones sur leur chaîne, ils sont solides, insolubles dans l'eau, solubles dans le benzène et le chloroforme.

On les trouve dans le saindoux, le beurre, les viandes, le poisson, les œufs, le lait entier donc essentiellement dans les graisses animales.

– **Les acides gras non saturés :** Le plus répandu est l'acide oléïque qui existe dans de très nombreuses huiles végétales (également en moindre quantité dans les graisses animales).

Ils sont liquides à température ordinaire.

On les rencontre dans les huiles, les fruits oléagineux, les cacahuètes, le soja…

3 - Dans le document il est donc fait référence aux graisses animales c'est-à-dire aux acides gras saturés comme facteurs de risque dans l'apparition de cancers.

4 - Les maladies cardio-vasculaires sont favorisées par une alimentation riche en acides gras saturés.

5 - Les vitamines :

Les vitamines sont des corps de constitution très différente, possédant comme caractères physiologiques communs d'être indispensables au fonctionnement normal de l'organisme et de ne pas pouvoir être synthétisées par lui-même.

Vitamines	Rôles nutritionnels	Aliments les contenant
Vitamine A	Rôle important dans les mécanismes de la vision aux faibles intensités (vision crépusculaire). Un apport suffisant en vitamine A est indispensable au maintien de l'intégrité des épithéliums.	Beurre …/…

Vitamines	Rôles nutritionnels	Aliments les contenant
Vitamine C	La vitamine C ou acide ascorbique, est anti-infectieuse (en permettant le renforcement des défenses de l'organisme).	Fruits (oranges, citrons, pamplemousses…) et légumes
Vitamine D	Permet l'absorption et la fixation du calcium et du phosphore. Un rôle important dans la lutte contre le rachitisme. *Le calcium alimentaire associé à l'activité métabolique des cellules productrices de phosphates assurent la minéralisation de l'os.*	Produits laitiers

Cependant une notion s'impose, celle d'équilibre vitaminique. On ne peut considérer toute vitamine comme agissant seule, indépendamment les unes des autres. Il existe entre différents facteurs des synergies et des antagonismes : l'exemple le plus caractéristique est celui de la carence en vitamine A et D. La carence en vitamine A agit dans le même sens que celui de l'excès en vitamine D, et réciproquement, l'hypoavitaminose D a une action analogue à celle de l'hyperavitaminose A.

6 - Les fibres alimentaires (fibres cellulosiques, glucides non assimilables), en favorisant le transit intestinal jouent un rôle dans la prévention de la constipation.

7 - Aliments riches en fibres : les fruits et les légumes.

8 - Conséquences nutritionnelles de la cuisson à la vapeur sur les aliments riches en fibres :

– perte en vitamine réduite,

– perte en sels minéraux réduite,

– ramollissement des fibres.

9 - Autres aliments contenant des fibres : les produits céréaliers.

10 - Le déjeuner du restaurant

a *- Groupes d'aliments présents dans le repas*

	Groupes d'aliments
Pâté de foie	Corps gras et viandes-poissons-œufs
Steak	Viandes-poissons-œufs
Frites	Féculents / corps gras
Chou chantilly	Féculents / corps gras
Pain	Féculents
Vin	Boissons

b - Le repas proposé est déséquilibré : trop de corps gras et insuffisance des groupes : produits sucrés, légumes et fruits, produits laitiers.

c - Modifications :

– crudités,
– un produit laitier,
– diminuer les graisses.

Technologie des équipements

1 - Le réfrigérateur à compression

a -

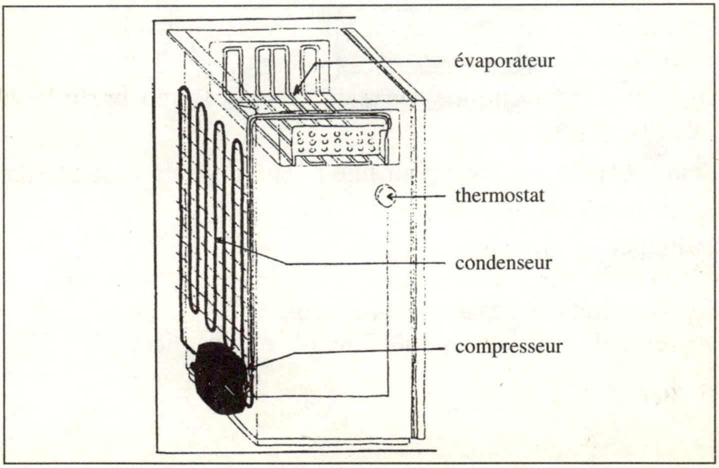

b -

Éléments	Fonctions
Évaporateur	Le fluide frigorigène passe de l'état liquide à l'état gazeux. Le fluide absorbe l'énergie thermique fournie par l'enceinte et les aliments.
Condenseur	Le fluide passe de l'état gazeux à l'état liquide et cède l'énergie thermique qu'il a gagné dans l'enceinte.
Thermostat	Règle la fréquence des cycles de réfrigération, suivant les températures souhaitées.

c - Place des denrées dans le réfrigérateur

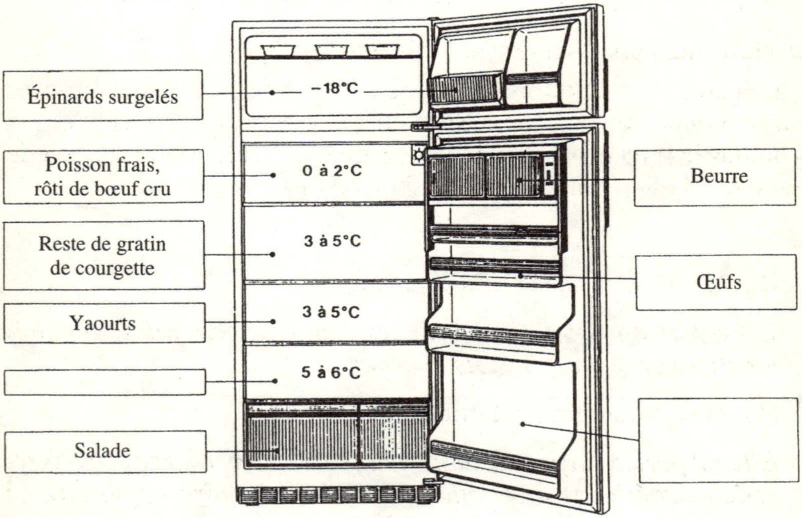

d - Cinq recommandations pour une bonne utilisation du réfrigérateur :

– envelopper les aliments,
– ne pas surcharger les clayettes,
– éviter d'introduire des aliments chauds,
– nettoyer et désinfecter régulièrement le réfrigérateur.

2 -

a - Gamme de produits

Il s'agit d'un produit surgelé qui fait partie de la 3e gamme.

b - Informations absentes sur l'étiquette.

Un décret fixe les informations que le consommateur doit trouver sur l'étiquette d'un produit. Sur l'étiquette proposée doit figurer : la composition du produit, son poids net et son volume net, le lieu de production du produit, l'adresse du fabricant.

c -

– D.L.C. : Date limite de consommation.

Cette date est obligatoire pour les denrées périssables, elle doit mentionner le jour, le mois, l'année.

– D.L.U.O. : Date limite d'utilisation maximale.

Elle est portée sur les produits non périssables, (durée de conservation supérieure à 6 semaines). Elle doit faire apparaître le jour, le mois, l'année précédés de la mention « à consommer de préférence avant le … ou avant fin… ».

d - L'étiquette des steaks hachés comporte une date limite de consommation (D.L.C.) : 11 octobre 1996.

e - « Ne pas recongeler le produit une fois qu'il a été dégelé »

Le produit présenté est un produit surgelé, c'est-à-dire qu'il a été porté très rapidement à une température inférieure à – 18°C. Il sera maintenu à cette température pendant son stockage, son transport, sa distribution. À cette température, la multiplication des micro-organismes est arrêtée mais les bactéries ne sont pas tuées : Elles peuvent donc se développer très vite si le produit est décongelé. Si ce produit est recongelé, c'est-à-dire porté à une température légèrement inférieure à 0°C, les bactéries pourront continuer leur multiplication.

COMPOSITEUR : DESK – SAINT-BERTHEVIN
ÉDITIONS FOUCHER – PARIS – N° 12624 – AOÛT 1996 – NO / SL-FA

Normandie Roto Impression s.a., 61250 Lonrai – N° d'imprimeur : 961508